PRISMA DEL MUNDO HISPÁNICO

Cuentos populares

Carlos Pineda González

C.C.Buchner

Prisma del mundo hispánico
Texte für die Oberstufe

Cuentos populares
Erarbeitet von Carlos Pineda González
Illustrationen von Julia Obermöller
Redaktion: Michaela Silvia Hoffmann

1. Auflage 4 3 2 1 2019 17 15 14
Die letzte Zahl bedeutet das Jahr dieses Druckes.
Alle Drucke dieser Auflage sind, weil untereinander unverändert, nebeneinander benutzbar.

Layout und Satz: tiff.any GmbH, Berlin
Druck- und Bindearbeiten: Friedrich Pustet, Regensburg

www.ccbuchner.de

ISBN 978-3-7661-**6950**-1

1 Introducción

Una pequeña introducción para todos

Queridos alumnos, queridos profesores,

¡Bienvenidos al mundo de los cuentos populares y las leyendas españolas! En este libro, os proponemos un viaje por algunas de las historias más hermosas que se cuentan desde hace mucho tiempo en nuestro país. Quizá os estéis preguntando cuál es la diferencia entre un cuento popular y una leyenda. ¿No son lo mismo? Es cierto que se parecen en varias cosas ... Por ejemplo, los dos son anónimos (no sabemos quiénes son sus autores) y muy antiguos (la primera versión que se conoce de la Cenicienta es del Antiguo Egipto). También se parecen en que, a lo largo de los siglos, los dos se han narrado, sobre todo, oralmente: los padres se los contaban a sus hijos y estos, después, a los suyos. Las versiones escritas, como la famosa de los hermanos Grimm, son más o menos recientes. Otro rasgo en común es que muchos de los cuentos populares y leyendas nos hablan de seres y objetos fantásticos: magos, gigantes, brujas, armas mágicas ... Entonces, ¿no son lo mismo? No. Hay una diferencia importante, y es que las leyendas están relacionadas con algún lugar real (una montaña, un río, un edificio) y los cuentos populares, no.

la Cenicienta Aschenputtel

Cuando leáis estas historias españolas, quizá reconozcáis algunas de ellas y digáis a vuestros profesores y compañeros: "A mí, mi abuela me ha contado un cuento parecido". Es normal, porque el espíritu de estas historias es igual en todos los lugares del mundo. En cada cultura se cuenta, por ejemplo, el viaje de un héroe o de una heroína que se va de casa con la idea de encontrar algo importante (el amor de un príncipe o de una princesa, un objeto mágico, un tesoro ...) y vuelve con ello después de superar muchos obstáculos. También es muy común encontrar historias de niños que se pierden en un bosque (¿conocéis vosotros alguno?) o de personas que, con gran astucia, engañan a un monstruo o, incluso, a la Muerte. ¿Y os habéis dado cuenta de que los comienzos de los cuentos y de las leyendas son similares en distintas lenguas? *Es war einmal, Érase una vez, C'era una volta, Il était une fois, Once upon a time.* Esto nos lleva a una idea maravillosa, que es: cuando trabajamos con estas historias, trabajamos con un material que pertenece a toda la humanidad.

¿Por qué nos gustan tanto estas narraciones? ¿Por qué seguimos contándolas de generación en generación desde hace siglos? ¿Cuál es su magia? Se dice que el secreto de este poder se encuentra en que estas historias nos hablan de nuestros miedos más profundos, de nuestros sueños más hermosos y de nuestros deseos más grandes. Tocan nuestro corazón y nos dan respuestas a las preguntas más difíciles: ¿De dónde vengo? ¿A dónde voy? ¿Cuál es mi lugar en el mundo? En resumen: ¿Quién soy? Los cuentos populares y las leyendas nos ayudan a desarrollar la identidad de niños, de adolescentes y de adultos. Pueden ayudarnos a entender lo que

pasa en nuestras vidas en los momentos más difíciles. Antiguamente, los médicos de India contaban cuentos a las personas que se sentían perdidas en la vida, historias que les podían ayudar a comprender su situación. En el siglo XX, el conocido psiquiatra Bruno Bettelheim contaba cuentos a sus pacientes para ayudarles a superar sus traumas.
Como ya hemos explicado, los cuentos populares y las leyendas son anónimos; a lo largo de los siglos, se han contado de generación en generación y solo recientemente han empezado a escribirse. Nuestra primera labor, entonces, ha sido escoger algunas de nuestras historias españolas preferidas y adaptarlas al nivel B1 del Marco Común Europeo de Referencia. Para ello, hemos recordado los cuentos populares y las leyendas que nos contaban nuestros abuelos y padres cuando éramos pequeños. Igualmente, hemos consultado otras colecciones de historias que se han hecho en España y que podéis encontrar en la bibliografía, al final de la introducción. Estas colecciones nos han ayudado a recordar relatos que ya conocíamos y a conocer otros nuevos. Sin ellas, este libro no existiría.
Nuestra segunda labor ha sido preparar actividades para que trabajéis con vuestro español. Con ellas, vais a hacer ejercicios de mediación lingüística, conocer aspectos de la cultura de España, analizar los comportamientos de los personajes de las historias, reflexionar sobre vuestras experiencias con diferentes realidades del ser humano (el miedo, la generosidad, el amor, la venganza ...) y realizar distintos proyectos donde se relaciona lo anterior. Todo ello, practicando con los contenidos lingüísticos de vuestro nivel. Al comienzo de cada bloque de actividades, se explica qué función comunicativa y qué contenido gramatical se trabaja en él principalmente[1].
Y esto es todo. Os deseamos de corazón que disfrutéis con este librito tanto como nosotros disfrutamos ahora al presentároslo.
Podemos empezar.
Érase una vez ...

Colecciones de cuentos recomendadas

- Del Rey Briones, A. (2007) *El cuento tradicional español*. Akal, Madrid.
- Díaz Viana, L. (2008) *Leyendas populares de España*. La esfera de los libros, Madrid.
- García de Diego, V. (1953) *Antología de leyendas de la literatura universal*. Labor, Madrid.
- Herreros, A. C. (2008) *Libro de monstruos españoles*. Siruela, Madrid.
- Herreros, A. C. (2011) *Cuentos populares de la madre muerte*. Siruela, Madrid.
- Merino, J. M (2010) *Leyendas españolas de todos los tiempos*. Siruela, Madrid.
- Rodríguez Almodóvar, A. (2009) *Cuentos al amor de la lumbre*. Alianza, Madrid.

[1] De acuerdo con el Plan Curricular del Instituto Cervantes.

Vocabulario típico de los cuentos y leyendas

comienzos	
Había una vez, en un reino muy lejano, …	Es war einmal, in einem fernen Königreich, …
Érase una vez …	Es war einmal …
Érase que se era …	Es war einmal …
Hace mucho, mucho tiempo …	Vor langer, langer Zeit …
Se cuenta que hace muchos años …	Man erzählt sich, dass vor vielen Jahren …
Cuenta la leyenda que, en el siglo XVII, …	Die Legende erzählt, dass im 17. Jahrhundert …
En el tiempo en el que vivía José, …	Zu der Zeit, als Josef lebte, …

finales	
Esto pasó hace muchísimos años, pero …	Das geschah vor vielen, vielen Jahren, aber …
Y colorín, colorado, este cuento se ha acabado.	Und damit ist das Märchen aus.
… vivieron felices y comieron perdices.	… und wenn sie nicht gestorben sind, dann leben sie noch heute.
… y vivieron felices para siempre.	… und so lebten sie glücklich bis an ihr Ende.

personajes	
el rey, la reina, el príncipe, la princesa	König und Königin, Prinz und Prinzessin
el héroe, el guerrero	Held und Krieger
el leñador, el pescador, el labrador, la criada	Holzfäller und Fischer, Arbeiter und Magd
el pirata, el ladrón	Pirat und Dieb
el anciano, la anciana	Greis und Greisin
la Muerte, el diablo, la sombra, el espíritu	Tod und Teufel, Schatten und Geist
el gigante, el monstruo, la bruja	Riese, Monster und Hexe
el caballo, el león, el lobo, la zorra	Pferd und Löwe, Wolf und Füchsin
la hormiga, el piojo, la serpiente	Ameise, Floh und Schlange
el águila, la lechuza	Adler und Käuzchen

lugares	
la cueva, el pozo, la fuente	Höhle, Brunnen und Quelle
el bosque, el campo, el río	Wald, Feld und Fluss
la montaña / el monte, el desierto	Berg und Wüste
el palacio, la corte, el castillo	Palast, Hof und Burg
el cementerio, la tumba	Friedhof und Grab

2 Tarea: Somos superhéroes

El pastor y sus amigos (cuento popular)

Había una vez, en un reino muy lejano, una joven y guapa princesa que tenía muchos pretendientes. Un día, cuando estaba peinándose, encontró un piojo en su pelo y se lo enseñó a su padre. Al rey le pareció muy simpático y lo puso en un bote para darle de comer cada día. Después, salió con su hija a dar un paseo y vieron los dos una plantita de hinojo, y al rey le gustó tanto que decidió regarla cada día.

El piojo y la planta crecieron y crecieron. La planta se convirtió en un árbol gigantesco y el piojo era tan grande que casi parecía un caballo, y el rey decidió matarlo y hacer una pandereta con la piel del piojo y la madera del árbol. Entonces, como la princesa quería casarse y como a él le gustaban mucho los acertijos, envió este anuncio a todas las ciudades y pueblos del reino: "Se casará con la princesa la persona que adivine los materiales de la pandereta del rey. Para ello, le daremos tres días, pero si a los tres días no lo ha adivinado, morirá".

Lejos de allí, vivía un joven pastor que se enteró del anuncio, puso su dinero en una bolsa y se fue al palacio del rey a probar suerte. Al salir del pueblo, se encontró con un gigante que llevaba una casa sobre sus hombros y le preguntó si quería ir con él a cambio de una moneda diaria. El gigante dijo que sí y se fueron juntos.

Poco después, entraron los dos en un oscuro bosque y vieron a un leñador que tenía los ojos enormes y que miraba muy concentrado un río que había a lo lejos. Le preguntaron qué hacía y el leñador les respondió que estaba viendo cómo una pequeña hormiga se ahogaba en el agua. El pastor le ofreció ir con ellos a cambio de una moneda diaria y el leñador aceptó encantado.

2 **el pretendiente** Verehrer
3 **el piojo** Laus
4 **el bote** Büchse, Dose
5 **el hinojo** Fenchel
6 **regar** gießen
9 **la pandereta** Tamburin
11 **el acertijo** Rätsel
15 **el pastor** Hirte
18 **a cambio de** für, gegen
la moneda Münze
20 **el leñador** Holzfäller
23 **la hormiga** Ameise
ahogarse ertrinken

Juntos los tres, caminaron hacia el río, donde el pastor salvó a la hormiga y la guardó en su bolso. Luego, salieron del bosque y entraron en un campo de trigo. Allí encontraron a un campesino que tenía las orejas muy grandes y que estaba tumbado en el suelo. "Estoy escuchando cómo crece el trigo", les explicó. El pastor le preguntó si quería acompañarles a cambio de una moneda diaria y el campesino cogió sus cosas y se fue con ellos.

Juntos los cuatro, bajaron la colina y llegaron a un río, y se encontraron con un hombre que tenía los pies metidos en el agua. Cuando le preguntaron qué hacía allí, el hombre les contó que los pies le quemaban, porque corría tan rápido, tan rápido, que había dado la vuelta al mundo en un día. El pastor le preguntó si quería acompañarles por una moneda diaria y el hombre le dijo que sí.

De esta manera, llegó el pastor al palacio del rey con sus cuatro compañeros. El pastor entró solo y explicó que estaba allí para resolver el acertijo. Los hombres del rey le dieron la pandereta y preguntaron: "¿De qué está hecha?". El pastor la miró, la tocó y la olió. "La piel es de vaca y la madera, de olivo", respondió. "No es correcto", le informaron, y le advirtieron que, si no les daba la respuesta correcta en tres días, lo matarían.

El pastor volvió desanimado y les contó a sus compañeros lo que había pasado. "No te preocupes – le dijo el campesino –, que yo te voy a ayudar", y se fue al palacio, puso sus grandes orejas sobre los muros de piedra y oyó a los hombres del rey, que decían: "Este acertijo es imposible. Nadie va a adivinar que la piel es de piojo y la madera, de hinojo". Contento, el campesino volvió y le contó al pastor lo q ue había oído.

A la mañana siguiente, el pastor volvió al palacio y pidió otra oportunidad. Los hombres del rey le dieron la pandereta y le preguntaron: "¿De qué está hecha?". De nuevo, el pastor la miró, la tocó y la olió, pero ahora respondió: "La piel es de piojo y la madera, de hinojo". Los hombres del rey se sorprendieron mucho y fueron corriendo a contarle al rey que ya había alguien para casarse con la princesa. Pero cuando el rey se enteró de que el ganador era un pastor, y no un noble, decidió ponerle varias pruebas muy difíciles.

"Los papeles para casarse están muy lejos, en Roma – le explicó el rey al pastor –, y si no están aquí mañana por la mañana, no podrás casarte". El pastor le contó esto a sus compañeros y el hombre de los pies veloces le dijo: "No te preocupes, que yo voy a Roma y vuelvo en un segundo", y se marchó rápidamente. Poco después, volvió con los papeles para casarse y se los dio al pastor, quien los guardó en su bolsa y se fue corriendo al palacio. En la puerta, se encontró con una bruja amiga del rey, que había venido para dormirlo con su magia, pero el leñador vio la escena con sus ojos enormes, corrió hacia el palacio y mató a la bruja con su hacha.

26 **salvar a alguien** jdn. retten
27 **guardar** aufbewahren
28 **el trigo** Weizen
29 **estar tumbado/a** liegen
33 **la colina** Hügel
35 **quemar** brennen
40 **resolver** lösen
42 **oler** riechen
la piel Leder
la madera Holz
43 **advertir algo a alguien** jdn. auf etw. hinweisen
45 **desanimado/a** entmutigt
47 **el muro** Mauer
55 **sorprenderse** überrascht sein
57 **el noble** Adliger
58 **la prueba** *el examen*
61 **veloz** *rápido/a*
65 **la bruja** Hexe
67 **el hacha** *f.* Axt

El rey miró con admiración al pastor cuando le entregó los papeles, pero decidió ponerle otra prueba. "Vas a entrar ahora en una sala llena de maíz, y debes separarlo antes de mañana por la mañana en tres montones: el bueno, el regular y el malo. Y si no lo haces, morirás". El pastor entró en la sala, que era enorme y que estaba llena de maíz hasta el techo, y se sentó en el suelo, desesperado. Escuchó entonces una vocecita que salía del interior de su bolso y que le dijo: "Pastor, no te preocupes, que yo voy a ayudarte". Era la hormiga que había salvado de morir en el río. El animalito salió del bolso y empezó a separar el maíz, y cuando amaneció, había en la sala tres montones con el bueno, el regular y el malo.

Cuando el rey entró en la sala por la mañana y vio los montones, reconoció que el pastor merecía casarse con la princesa y se lo anunció a todo el mundo. Entonces, un caballero que estaba muy enamorado de la princesa fue a hablar con el pastor y le propuso: "Si me dejas casarme con la princesa, te doy todo el oro que puedas llevarte". "Muy bien – aceptó el pastor –, pero si me dejas que me ayude uno de mis amigos". El caballero dijo que sí y el pastor llamó entonces al gigante, fueron los dos al castillo del caballero y sacaron juntos sacos y sacos de oro, que pusieron sobre la espalda del gigante. Y el pastor se fue de allí con sus amigos, repartió el oro con ellos, se olvidó de la princesa y volvió rico y contento a su pueblo. Y colorín, colorado, este cuento se ha acabado.

68 **la admiración** Bewunderung
entregar *dar*
70 **el maíz** Mais
el montón Haufen
76 **amanecer** Tag werden
79 **merecer** verdienen
anunciar verkünden
81 **proponer** vorschlagen
82 **el oro** Gold

Nuestra tarea: Somos superhéroes

Funciones comunicativas principales: Preguntar por y expresar la habilidad para hacer algo

¿Lo has comprendido? – Mediación

Es por la tarde y estás chateando con una amiga tuya. Ella te pregunta qué has hecho en clase de español y tú le explicas que habéis leído un cuento. Tu amiga te pide que le cuentes el cuento. Escribe para ella un pequeño resumen *en alemán* de cinco líneas como máximo. Después, compara tu resumen con el de algún compañero.

Analiza

1 Analiza cuál crees que puede ser el mensaje de este cuento.

2 En este cuento popular, conocemos a personajes que tienen un talento especial para algo: el gigante, su fuerza; el leñador, su vista; el campesino, su oído; el hombre en el río, su velocidad; y el pastor ... Quizá el talento del pastor es saber reconocer el talento de los demás. ¿Y tú? ¿Qué talentos más o menos curiosos puedes reconocer en la gente que te rodea: tu familia, tus amigos, tus conocidos? ¿Cuáles de estos u otros talentos admiras más y por qué? Reflexiona sobre estas cuestiones y comparte tus conclusiones con un/a compañero/a.

Practica

Piensa ahora en tus propios talentos. Escribe sobre ellos con las siguientes estructuras.

- Sé + algo / un poco / un poco de + sintagma nominal → Sé algo de Literatura.
- Soy bueno en / para … → Soy bueno en los deportes.
- Lo hago bien / mal → Me gusta tocar la guitarra y lo hago bien.
- Soy un genio / un desastre para → Soy un genio para las matemáticas.

Taller de creación

El pastor y sus compañeros son una especie de grupo de superhéroes, personas con talentos extraordinarios. Nosotros vamos a crear en clase nuestros propios grupos de superhéroes.

1 Para ello, primero forma un pequeño grupo con tus compañeros y explícales para qué cosas tienes talento, qué cosas se te dan bien.

2 A continuación, pensad entre todos en el grupo qué cosas extraordinarias podéis hacer con estos talentos. Por ejemplo, si alguien tiene talento para tocar la guitarra, puede ser un superhéroe que hipnotiza a sus enemigos con la música de su guitarra.

3 Finalmente, poned un nombre a vuestro grupo y, por turnos, explicad al resto de la clase cuáles son vuestros talentos extraordinarios. ¡Quizá os necesiten alguna vez en el futuro!

3 Tarea: Una deliciosa tentación

La casita de turrón (cuento popular)

Érase una vez una familia muy pobre, muy pobre que vivía en una casa en el campo. Eran el papá, la mamá y sus dos hijos: un niño y una niña. Una mañana, los niños salieron a dar un paseo por el bosque y se perdieron, y andando de acá para allá muy asustados, llegaron por la noche a una casa.

El niño se acercó a ella, la miró con atención y le dijo a su hermana, sorprendido: "¿Has visto? Las paredes no son de madera. Son de turrón". La niña se acercó también y descubrió que las ventanas eran de caramelo; el tejado, de chocolate; y la puerta, de mazapán. Los dos estaban tan hambrientos después de andar por el bosque que cogieron cada uno un trozo de pared y empezaron a comérselo.

En ese momento, se abrió la puerta de la casa y salió por ella una vieja feísima. "¿Quién se está comiendo las paredes de mi casa?", preguntó la vieja, que veía muy mal. Asustados, los niños dejaron sus trozos de pared y le explicaron que se habían perdido y que no habían comido desde el almuerzo.

"¡Ah, pobrecitos! – exclamó la vieja, sonriendo –. Venid conmigo, que yo os daré de comer cosas muy ricas". Cuando los niños entraron en la casa, la vieja agarró de pronto al niño por un brazo y lo metió en una jaula. "Aquí te vas a quedar hasta que te pongas gordo. Y entonces, te comeré", le contó. A la niña le dio una escoba y le dijo: "Y tú, vas a hacer cada día las tareas de la casa".

Desde ese día, los niños vivieron prisioneros en la casita de turrón: la niña limpiando y el niño en la jaula, comiendo y engordando. Cada mañana, la vieja se acercaba a la jaula y le pedía al niño: "¡Dame tu dedo, que quiero saber si ya estás gordo!". Pero él, que era muy listo y sabía que la vieja no veía bien, le daba un huesito de pollo. La vieja, entonces, se quejaba: "¡Todavía está delgado!", y se iba muy enfadada.

Una mañana, la vieja, cansada de esperar, le ordenó a la niña: "Prepara el horno. Tengo mucha hambre y me voy a comer a tu hermano aunque esté delgado". Pero la niña, que era tan lista como el niño, le dijo que no sabía hacerlo. "Está bien, lo haré yo ...", replicó la vieja, y cuando estaba enfrente del horno, la niña la empujó dentro y cerró la puerta.

La niña corrió a sacar a su hermano de la jaula. Los dos se abrazaron y después buscaron por los muebles de la casa. En un armario, encon-

- 3 **perderse** sich verlaufen
- 4 **andar** *caminar*
- **asustado/a** erschrocken
- 5 **acercarse** → *cerca*
- **con atención** aufmerksam
- 6 **la pared** Wand
- **la madera** Holz
- 7 **descubrir** entdecken
- **el caramelo** Bonbon
- 8 **el tejado** die Dachziegel
- **el mazapán** Marzipan
- 9 **el trozo** *la parte*
- 18 **agarrar** ergreifen
- **la jaula** Käfig
- 20 **la escoba** Besen
- 22 **el / la prisionero/a** Gefangene/r
- 23 **engordar** → *gordo/a*
- 27 **el hueso** Knochen
- 30 **el horno** Ofen
- 34 **replicar** *contestar*
- 36 **empujar** schubsen

traron una bolsa llena de monedas de oro. La cogieron y se fueron de allí. Y corriendo por el bosque, vieron a un leñador que los acompañó hasta su casa. Allí estaban su papá y su mamá muy preocupados, pero cuando los vieron aparecer con el dinero, se pusieron muy contentos. Y los cuatro vivieron felices y comieron perdices.

40 **la bolsa** Beutel
la moneda Münze
el oro Gold
41 **el leñador** Holzfäller

Nuestra tarea: Una deliciosa tentación

Función comunicativa principal: Expresar gustos

¿Lo has comprendido? – Mediación

1 Leed este cuento todos juntos en clase. Después, busca una pareja y cuéntaselo *en alemán* con tus propias palabras. Si hay cosas que no comprendes o que has olvidado, tu compañero/a puede ayudarte también en alemán.

2 Paredes, ventanas … Seguro que conoces estas palabras en español sobre la casa. Pero quizá hay otras que son nuevas para ti. Con un/a compañero/a, relaciona las palabras con las partes de la casa en la foto.

la(s) puerta(s) ◆ el jardín ◆ el tejado ◆ la(s) ventana(s) ◆ la(s) pared(es) ◆ la valla ◆ el porche ◆ la chimenea ◆ la piscina

Analiza

1 A veces, podemos encontrar en los cuentos populares y en las leyendas un mensaje, una enseñanza para las personas que lo leemos. Piensa, por ejemplo, en dos cuentos muy conocidos: *Caperucita Roja* y *Los tres cerditos*. ¿Cuáles crees que son las enseñanzas de estos cuentos? ¿Qué podemos aprender con ellos? Ahora, piensa en el cuento que acabas de leer. ¿Cuál crees que puede ser su mensaje? ¿Podemos aprender algo de él? Responde a estas preguntas y después comparte tus reflexiones con tus compañeros.

2 Este cuento popular español es casi igual a un famoso cuento de los hermanos Grimm. ¿Sabes cuál es? Si no lo sabes o no lo recuerdas, puedes preguntárselo a tus compañeros o a tu profesor. A continuación, señala las principales diferencias entre la versión española y la alemana. Vuestro profesor llevará una copia del cuento alemán a clase para ayudaros a recordar todos los detalles.

3 El turrón es uno de los dulces tradicionales españoles más deliciosos. Lee el siguiente texto, donde se explican sus características, y describe luego los dulces tradicionales más conocidos de tu región y de tu país y sus características. Finalmente, decidid entre todos cuál es el dulce tradicional alemán más parecido al turrón.

El turrón, un dulce saludable

La Navidad es una época de celebración y de comidas en familia. En estas fiestas, hay un alimento típico que siempre se critica porque se dice que es malo para la salud. Es el turrón, un dulce típico de estas fechas.

El turrón es un producto que se elabora desde hace siglos en nuestro país y hoy es el dulce típico de las navidades. Los más conocidos son los turrones de Jijona y de Alicante, en la Comunidad Valenciana; el primero es una masa blanda y el segundo, una masa dura. Los ingredientes de estos turrones son la miel, el azúcar, las almendras y el huevo. Por eso, es un postre delicioso que, sí, tiene muchas calorías, pero también muchos beneficios para la salud. En primer lugar, los huevos y las almendras nos dan proteínas y siete de los 9 aminoácidos que el cuerpo necesita. Si quieres que aumente tu masa muscular, ¡el turrón es un buen alimento para ello! Las almendras, además, dan al turrón grasas parecidas a las del aceite de oliva. El azúcar da al cuerpo hidratos de carbono, energía rápida para nuestra actividad diaria. Y, por último, vitaminas. Así, el turrón es una buena opción para comer sano y dulce en las comidas de Navidad.

"El turrón, un dulce saludable". En: www.vitonica.com, 19/12/2008 (ligeramente adaptado)

Comenta

1 Los hermanos del cuento están hambrientos y no pueden resistirse a la tentación de comer un poco de la casita. A nosotros nos pasa muchas veces lo mismo: no podemos resistirnos a la tentación de hacer algo: estamos muy cansados, pero salimos por la noche con nuestros amigos; hemos comido mucho, pero nos ponemos un poco más de helado en nuestro plato; ya no tenemos casi dinero, pero compramos esas gafas o esos pantalones tan bonitos … Diversión, comida, ropa, etc … ¿Cuáles son tus tentaciones? ¿Cuáles son las pequeñas o grandes cosas de la vida a las que no puedes resistirte? Escríbelas con los siguientes recursos: me gusta(n) mucho / me encanta(n) / me apasiona(n) / me vuelve(n) loco/a.

2 A continuación, comenta tus tentaciones con tus compañeros.

Taller de creación

La vieja del cuento atrapa a los hermanos con una casa de turrón, caramelo, chocolate y mazapán: ella sabe que los dulces son una tentación irresistible para los niños. Ahora, vosotros diseñad y dibujad una casa para atrapar a vuestros compañeros con tentaciones irresistibles, que pueden ser comidas, pero también otras cosas. Por ejemplo: "Las puertas son de chocolate. Y las ventanas, cuando miras por ellas, ves la playa de tus sueños. Y si subes a la chimenea, hay un humo azul que sale y que te lleva de viaje a cualquier lugar del mundo …"

4 Tarea: El mapa de los miedos

La calavera invitada (cuento popular)

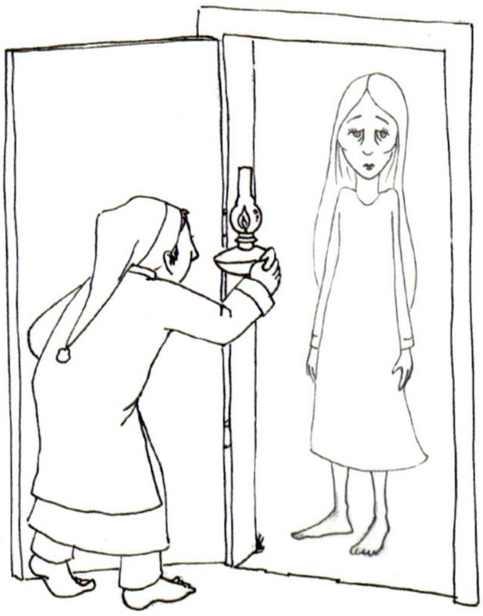

Había una vez tres jóvenes borrachos que entraron una fría tarde en el cementerio de su pueblo. Andando por sus caminos, uno de ellos encontró una calavera en una tumba, la tomó entre sus manos y, riéndose muy nervioso, le dijo: "¡Pero qué guapa eres! Esta noche, te invito a cenar a mi casa". Después, le pegó una fuerte patada y siguió riéndose nervioso por el cementerio con sus amigos.

Esa noche, cuando el joven estaba ya en la cama, escuchó que alguien llamaba a la puerta y se levantó de la cama para ver quién era. Abrió la puerta y se encontró con una mujer muy pálida y muy alta que lo miraba fijamente. "¿Puedo pasar? – le preguntó –. Esta tarde, en el cementerio, me has invitado a cenar y aquí estoy". Horrorizado, el joven le hizo entrar, le ofreció sentarse y le puso en la mesa las cosas más deliciosas que había en su cocina. La mujer miró la comida y negó con la cabeza. "Yo no puedo comer estas cosas, pero te invito a que vengas mañana a cenar a mi casa, en la tumba donde encontraste la calavera", le propuso. Y sin decirle nada más, se levantó y se fue.

El joven estaba muy asustado y no sabía qué hacer, pero al final decidió ir a la cena para no enfadar a la mujer. Cuando llegó la noche, salió de casa y caminó al cementerio. Sus puertas se abrieron solas. La mujer le estaba esperando en la tumba. Esta se abrió. La mujer entró y el joven, aterrorizado, entró después. Bajaron unas escaleras. La luz de la luna entraba por el agujero e iluminaba una mesa de piedra donde había dos platos con dos cucharas. "Siéntate y come", le ordenó la mujer. El joven se sentó y vio que los platos estaban llenos de ceniza. Quiso coger la cuchara, pero estaba tan aterrorizado que no era capaz de moverse. "¿Qué pasa? ¿No te gusta?", le preguntó la mujer. Y después le dijo: "Anda, vuelve a casa. Y no te rías nunca más de los muertos".

El joven salió corriendo de allí. Esa misma noche, enfermó. A los dos días, sus amigos lo encontraron muerto en su cama.

2 **borracho/a** betrunken
3 **el cementerio** Friedhof
4 **andar** *caminar*
6 **la calavera** Totenkopf
7 **la tumba** Grab
12 **pegar una patada** einen Tritt verpassen
17 **llamar a la puerta** anklopfen
18 **pálido/a** blass
20 **horrorizado/a** entsetzt
21 **ofrecer** anbieten
delicioso/a *rico/a*
22 **negar** verneinen
26 **asustado/a** erschrocken
29 **aterrorizado/a** entsetzt
31 **el plato** Teller
32 **la cuchara** Löffel
33 **la ceniza** Asche
37 **enfermar** → *enfermo/a*

Nuestra tarea: El mapa de los miedos

Función comunicativa principal: Expresar miedo

¿Lo has comprendido?

Tu amigo hace el siguiente resumen del cuento que acabas de leer. En el resumen, hay algunos errores de comprensión. Encuentra estos errores y corrígelos:

Un chico caminaba solo y borracho por la ciudad. Entró en el cementerio, se cayó al suelo y se encontró con el largo hueso de una pierna. Como estaba borracho, invitó al dueño de la pierna a cenar a su casa y se marchó de allí. Esa noche, escuchó a alguien llamando a su puerta y, cuando abrió, vio el fantasma de un hombre muy, muy mayor que lo miraba a los ojos. El joven y él cenaron en su casa platos muy deliciosos y, después, fueron juntos a la tumba del anciano, pero el chico no quiso entrar y corrió a su casa muy asustado. Se murió pocos días después.

Analiza

1 Analiza cuál crees que puede ser el mensaje de este cuento.

2 En el cuento, el protagonista entra con sus amigos en un cementerio, coge una calavera y le hace bromas, pero cuando hace estas bromas, se ríe nervioso. ¿Qué crees que le pasa? ¿Se divierte de verdad? Analiza este comportamiento y comenta tus conclusiones con un compañero.

Comenta

El protagonista de este cuento vive una aventura terrorífica: visita un cementerio por la noche, recibe en su casa a una mujer fantasma y se sienta en la mesa del espíritu para comer un plato de cenizas de muerto … ¡Son cosas que pueden darnos mucho miedo!

1 Recuerda las cosas que te daban miedo cuando eras pequeño/a y piensa en las que te dan miedo ahora.

2 Reflexiona sobre qué sientes físicamente, en tu cuerpo, cuando tienes miedo. Para hacer esto, puede ayudarte pensar en metáforas: "Cuando tengo miedo, siento un gato muy nervioso dentro de mi tripa".

3 Identifica cómo reaccionas tú cuando tienes miedo de algo, identifica tus acciones: ¿Qué haces?

4 Comparte tus conclusiones con tus compañeros en pequeños grupos y después con los demás en clase.

Practica y Taller de creación

A partir de estas reflexiones, podéis poneros en pequeños grupos y diseñar en cartulinas vuestros "Mapas del miedo", con imágenes, dibujos, textos … Algunas estructuras que podéis emplear son:

a) Para expresar miedo:
- Tengo (+ cuantificador) + miedo + a / de → Tengo mucho miedo a las arañas / de las tormentas.
- Tengo (+ cuantificador) + miedo + a / de que + presente de subjuntivo → Tengo miedo de que haya una guerra.
- Me da miedo + sintagma nominal / infinitivo → Me dan miedo los fantasmas. / Me da miedo volar.
- Me da miedo + que + presente de subjuntivo → Me da miedo que mi hermano se pierda.
- ¡Qué miedo!
- ¡Qué horror!

b) Para expresar la reacción al miedo:
- Si / cuando tengo miedo + reacción → Cuando tengo miedo, me empiezo a reir muy nervioso.

5 Tarea: Deseos peligrosos

El peral de la Tía Miseria (cuento popular)

Había una vez una anciana que era tan pobre, tan pobre, que todos en su pueblo la llamaban Tía Miseria. Vivía en una casita con su hijo y con su perro y el único alimento de los tres eran las peras de un peral que tenían junto a la casa. Sin embargo, no comían muchas, porque los chicos del pueblo les robaban peras cada día, y la Tía Miseria no sabía qué podía hacer para evitarlo.

Una noche, llamó a la puerta de la casa de Tía Miseria un mendigo que buscaba cama y comida. A la Tía Miseria le dio mucha pena, le dio la sopa que había preparado para ella, y cuando acabó, le ofreció su cama para dormir. Por la mañana, el mendigo le contó a la Tía Miseria que no era un mendigo, y que para darle las gracias por su buen corazón, le concedería un deseo. Después de pensarlo bien, la Tía Miseria le respondió lo siguiente: "Deseo que cualquier persona que suba a mi peral, después no pueda bajar de él si yo no quiero". El mendigo asintió con la cabeza y dijo: "Así será", y se marchó de la casa.

Esa noche, cuando estaba dormida, la Tía Miseria escuchó ruidos en el peral. Se levantó de la cama para ver qué pasaba, y entonces vio a los chicos del pueblo, subidos en él y asustados porque no podían bajar. La Tía Miseria agarró su palo y les golpeó varias veces, y su perro les mordió los pantalones y se los rompió. "Por favor, por favor, déjanos bajar", le pidieron los niños. "Os dejaré bajar –respondió ella –, pero solo si no volvéis a robarme las peras". Los niños le prometieron que nunca más le robarían y la Tía Miseria, muy contenta, les dejó bajar y volver a sus casas.

2 **la miseria** Elend
3 **el alimento** *la comida*
la pera Birne
el peral Birnbaum
5 **robar** stehlen
6 **evitar** vermeiden
7 **el mendigo** Bettler
8 **darle pena** Mitleid haben
9 **acabar** *terminar*
ofrecer anbieten
11 **conceder** gewähren
14 **asentir** zustimmen
marcharse *irse*
18 **asustado/a** erschrocken
19 **agarrar** *tomar*
el palo Stock
golpear schlagen
22 **prometer** versprechen

Desde entonces, la Tía Miseria, su hijo y su perro disfrutaron ellos solos de las peras del peral, y así pasaron los años hasta que una mañana apareció la Muerte en la casa de la Tía Miseria para llevársela. Sin embargo, ella no se quería morir aún, y se le ocurrió algo para evitarlo: "Me gustaría despedirme de mi hijo y de mi perro antes de morir – le explicó a la Muerte –. Y también comer algo, porque tengo mucha hambre. ¿Tú puedes subir a ese peral y bajar algunas peras para mí, mientras yo me despido de ellos?". La Muerte aceptó y se subió al peral, pero cuando quiso bajar, vio que no podía. La Tía Miseria se rió. "Ahí vas a quedarte hasta que yo quiera", le dijo, y volvió a su casa.

27 **aún** *todavía*
ocurrírsele algo a alguien jdm. etw. einfallen
28 **despedirse** sich verabschieden
31 **aceptar** annehmen

Y pasó entonces que, como la Muerte estaba en el árbol, nadie en el mundo se moría. Los moribundos sufrían dolores muy grandes, pero no encontraban alivio; los viejos pasaban todos de los cien años y se quedaban ciegos, sordos y sin memoria, pero no morían. Tampoco podían suicidarse. Desesperada, la gente buscaba a la Muerte, y un día alguien se enteró de que estaba en el peral de la Tía Miseria. Personas de todo el mundo fueron a ver a la anciana y le pidieron liberar a la Muerte. "Por favor, déjame bajar – le suplicó la Muerte a la Tía Miseria –. La gente sufre por mi culpa y yo sufro con ellos ...". La Tía Miseria, entonces, lo pensó y le propuso a la Muerte: "Te dejaré bajar del peral si tú no vienes a buscarme a mí, ni a mi hijo ni a mi perro hasta que yo te llame". La Muerte aceptó, bajó del árbol y mucha gente en todo el mundo, entonces, empezó a morir. Esto pasó hace muchísimos años, pero la Tía Miseria, su hijo y su perro siguen viviendo en su casa, comiendo peras del peral.

35 **el / la moribundo/a** Sterbende/r
sufrir leiden (unter)
el dolor Schmerz
36 **el alivio** Linderung
37 **ciego/a** blind
sordo/a taub
38 **suicidarse** sich umbringen
39 **enterarse de que** erfahren
40 **liberar** freilassen
41 **suplicar** *pedir*
42 **la culpa** Schuld

La leyenda del Aljibe de la Vieja, en Granada

Cuenta la leyenda que, en el siglo XVII, vivía en el barrio del Albaicín de Granada una vieja cascarrabias que se llamaba María Tomillo. Era una mujer extraña y solitaria, que no tenía familia y no hablaba nunca con sus vecinos; su único amor era su huerto, donde crecían magníficos árboles frutales. El más hermoso de todos era una enorme higuera que daba higos grandes y dulces. Los niños del barrio entraban en el huerto cuando podían para robar algunas piezas de fruta, especialmente los higos, y esto enfadaba mucho a María Tomillo, que les lanzaba piedras a los pequeños ladrones con todas sus fuerzas. Una noche, sintiéndose muy cansada de esta lucha diaria con los niños, María Tomillo llamó al diablo y le vendió su alma a cambio de la protección de la higuera. Desde ese momento, los higos se volvieron muy amargos, y ya ningún niño quiso robarlos. Por fin, María Tomillo estaba en paz.

Años después, cuando la vieja cascarrabias murió, sus vecinos empezaron a escuchar misteriosos ruidos en el aljibe del huerto de María Tomillo. Varias mujeres, entonces, decidieron reunirse una noche para ir a mirar juntas el jardín de la anciana. Cuando las campanas de la iglesia

2 **cascarrabias** brummig
3 **solitario/a** einsam
4 **el huerto** Gemüsegarten
magnífico/a herrlich
5 **frutal** → *la fruta*
la higuera Feigenbaum
6 **el higo** Feige
7 **la pieza** Stück
8 **lanzar** werfen
9 **el ladrón** Dieb
10 **el diablo** Teufel
11 **a cambio de** für, gegen
la protección Schutz
12 **amargo/a** bitter
15 **el aljibe** Brunnen
17 **la campana** Glocke

El jardín de la Alhambra, en Granada

dieron las doce, las vecinas pudieron ver una sombra que salía despacio del aljibe: la sombra de María Tomillo. El oscuro fantasma fue hasta la higuera y empezó a cantar y a dar vueltas a su alrededor, y mientras hacía esto, aparecían en el árbol preciosos higos de oro. En ese momento, salieron del aljibe otras sombras y fueron a bailar con la de María Tomillo, quien les dio a cada una un higo maravilloso, y todas bailaron cada vez más rápido y con gran alegría hasta que salió el sol. Entonces, la sombra de María Tomillo se convirtió en una lechuza y las otras en cuervos y entraron todas en el aljibe.

Muy asustadas, las mujeres volvieron a sus casas, contaron esta historia a sus maridos y todos juntos volvieron al huerto de María Tomillo. Con sus hachas, cortaron los árboles frutales: los manzanos, los naranjos, los perales … Pudieron cortar todos menos uno: la higuera, que tenía el tronco y las ramas tan duras como el acero de las hachas. Hoy, la higuera ya no está allí, pero el aljibe sigue en el huerto, y hay vecinos del Albaicín que cuentan que, cada medianoche, la sombra de María Tomillo sale del aljibe para buscar su querida higuera.

20 **la sombra** Schatten
21 **despacio** *lento/a*
24 **el fantasma** Gespenst
26 **dar vueltas** Runden drehen
31 **el oro** Gold
35 **convertirse en** sich verwandeln in
la lechuza Eule
el cuervo Krähe
37 **asustado/a** erschrocken
39 **el hacha** *f.* Axt
el manzano Apfelbaum
el naranjo Orangenbaum
41 **el tronco** Stamm
la rama Ast
el acero Stahl

Nuestra tarea: Deseos peligrosos

Función comunicativa principal: Describir

¿Lo has comprendido?

1 A continuación puedes ver un resumen del cuento de *El peral de la Tía Miseria*, pero las diferentes partes están desordenadas. ¿Puedes ordenarlas?

- La Tía Miseria liberó a la Muerte del peral y todavía sigue viva.
- La Tía Miseria ayudó a un mendigo, él le ofreció un deseo y ella lo pidió.
- Los niños se quedaron atrapados en el peral y la Tía Miseria los liberó.
- La Tía Miseria engañó a la Muerte y la atrapó en el peral.
- Muchas personas pidieron a la Tía Miseria liberar a la Muerte.
- La Tía Miseria estaba enfadada porque los niños comían las peras de su peral.
- La Muerte fue a buscar a la Tía Miseria para llevársela.

2 Señala los principales parecidos y diferencias entre el cuento popular de *El peral de la Tía Miseria* y la *Leyenda del Aljibe de la Vieja*.

Comenta

1 ¿Piensas que este cuento de *El peral de la Tía Miseria* tiene un final feliz? ¿Crees que la Tía Miseria puede ser feliz con su inmortalidad? Reflexiona sobre ello.

2 Normalmente, se piensa en la muerte como algo negativo: no la queremos ver, nos da miedo. Nadie quiere morirse. Sin embargo, también se han dicho cosas positivas sobre ella. Lee estas frases y coméntalas con tus compañeros:

"Es bueno pensar en la muerte, tenerla siempre delante de nosotros. Entonces la vida se hace más alegre y más importante." ◆ *(Stefan Zweig)*
"La muerte es solo un cambio de misión." ◆ *(León Tolstói)*
"La vida es una gran sorpresa. La muerte puede ser una sorpresa mayor." ◆ *(Vladimir Nabokov)*
"La perfecta igualdad entre los hombres solo existe cuando están muertos." ◆ *(Pitágoras)*
"La muerte es solo cambiar tu casa por otra nueva." ◆ *(Marco Aurelio)*

3 Con su deseo, la Tía Miseria quiere cambiar las leyes de la naturaleza. Desde siempre, los seres humanos han tenido este deseo tan peligroso. Observa las siguientes imágenes: cada una de ellas, habla del deseo del ser humano por cambiar estas leyes de la naturaleza. Identifica cuáles son estos deseos. Si no sabes qué significan las imágenes, tus compañeros o tu profesor pueden ayudarte a entenderlas.

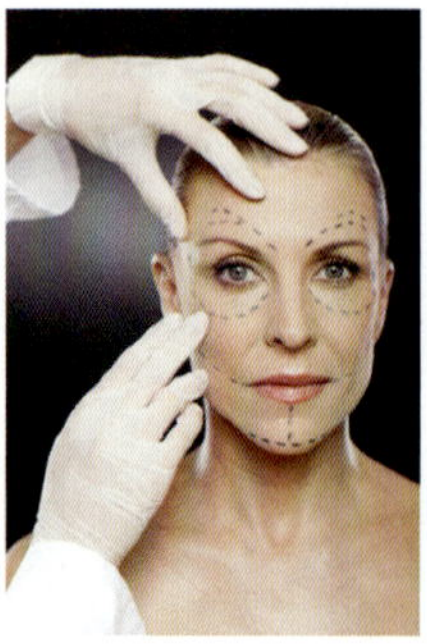

4 La eterna juventud. La creación de seres vivos idénticos. La producción casi infinita de alimentos. Estos deseos se cumplen cada día (y cada día, de manera más perfecta) ¿Qué consecuencias crees que tienen? ¿Qué pasa cuando se hacen realidad? Reflexiona sobre estas cuestiones y comparte tus ideas con tus compañeros.

Taller de escritura

Vamos a imaginar el mundo del futuro, un mundo donde las personas han cambiado completamente las leyes de la naturaleza. En parejas, escribid un texto donde describís ese futuro. Para ello, podéis emplear el futuro perfecto (¿lo recuerdas?). A continuación, te proponemos algunas cosas sobre las que podéis hablar en este texto:

- las casas
- el modelo de familia
- el sistema educativo
- el tiempo libre de la gente
- los deportes
- la diversión de los jóvenes
- la comunicación entre las personas
- la alimentación
- las maneras de viajar
- …

6 Tarea: El museo de los monstruos

La niña sin brazos (cuento popular)

Había una vez un hombre y una mujer que vivían con su hija en una casa en el campo. Una mañana, llamó a la puerta un hombre a caballo y muy bien vestido que les dijo: “Soy el diablo. Si me dais a vuestra hija, yo os daré una bolsa llena de monedas de oro”. Como los padres eran muy pobres, le dieron a la hija a cambio del dinero y el diablo se fue con la niña en su caballo. La niña estaba dormida, y cuando se despertó y vio que estaba con el diablo, se hizo en la frente la señal de la cruz. Esto enfadó mucho al diablo, que colgó entonces a la niña de un árbol y le cortó los dos brazos con un hacha: “Así, no podrás hacer más la señal de la cruz”, le dijo. Y después, se marchó de allí.

Colgada del árbol, la niña pidió ayuda a gritos, pero solo la escucharon los perros del rey, que vivía cerca de allí en su palacio. Como a los perros les dio mucha pena verla así, le llevaron su comida cada mañana, hasta que un día el cuidador de los perros se dio cuenta de que los animales estaban muy delgados. Entonces, los siguió y descubrió a la niña sin brazos, que ya estaba casi muerta. “Pobre monstruo”, pensó el cuidador, y la bajó del árbol, se la llevó al palacio y le curó las heridas. Y mientras le curaba, pasó por allí el joven hijo del rey, quien se enamoró al instante de la niña sin brazos y fue a decirle a los reyes que quería casarse con ella.

Años después, se casaron, y cuando murió el rey, el príncipe y la chica sin brazos se convirtieron en los nuevos reyes. Su felicidad no duró mucho, porque se declaró una guerra y el joven rey tuvo que separarse de su mujer, que estaba embarazada de gemelos. Cuando los niños nacieron, la reina le envió al rey una carta contándoselo, muy emocionada, pero no le llegó: el diablo, que seguía enfadado después de tantos años, consiguió la carta y cambió las palabras, con este nuevo mensaje: “Han nacido dos monstruos”. El rey la recibió y respondió: “No importa. Cuídalos mucho hasta que yo vuelva de la guerra”. Sin embargo, esta carta tampoco llegó, porque el diablo la consiguió y cambió de nuevo las palabras, y ahora la carta solamente decía: “Mátalos”.

La reina leyó la carta sintiendo un gran dolor en su corazón y pensó que el pobre rey se había vuelto loco en la guerra. Entonces, a la mañana siguiente y sin decir nada a nadie, puso a los bebés en dos bolsas, se colgó las bolsas en los hombros y se marchó del palacio. Por el camino, la gente ayudaba a la mujer sin brazos a dar de mamar a sus bebés. Tras mucho caminar, sintió sed y paró en un río a beber agua fresca, y cuando se agachó, los niños se cayeron al agua. Desesperada, pidió ayuda, pero

3 **el diablo** Teufel
4 **la bolsa** Beutel
la moneda Münze
el oro Gold
5 **a cambio de** für, gegen
7 **la señal** Zeichen
8 **colgar** aufhängen
cortar abschneiden
9 **el hacha** *f.* Axt
10 **marcharse** *irse*
13 **darle pena** Mitleid haben
14 **el cuidador** Pfleger
darse cuenta de algo etw. bemerken
15 **descubrir** entdecken
17 **curar** heilen
la herida Wunde
18 **al instante** *en seguida*
22 **declarar** ausrufen
separarse sich trennen
23 **embarazada** schwanger
los gemelos Zwillinge
24 **emocionado/a** bewegt
25 **conseguir** bekommen
32 **volverse loco** verrückt werden
35 **dar de mamar** säugen
37 **agacharse** sich bücken
caerse fallen

como no había nadie cerca, intentó salvar a los bebés ella misma. En ese momento, le salieron los dos brazos y pudo salvarlos.

Al anochecer, la reina llegó con sus dos bebés a una pequeña casa abandonada y pensó que ese era un buen lugar para vivir. Y allí vivió durante muchos años hasta que, una mañana, llamó a la puerta un hombre que venía de una guerra que ya había acabado. La reina reconoció al rey y el rey reconoció a la reina, y cuando el rey vio a los niños, se le llenaron los ojos de lágrimas y corrió a abrazarlos con fuerza. "Pero, ¿no me decías en la carta que eran dos monstruos?", le preguntó entonces él a ella, y entonces el rey y la reina comprendieron que había pasado algo misterioso con las cartas y contaron cada uno su historia. Cuando descubrieron la verdad, se sintieron contentos y aliviados y volvieron juntos a su palacio, donde vivieron felices para siempre.

38 **salvar** retten
40 **el anochecer** Abenddämmerung
43 **acabar** *terminar*
reconocer erkennen
45 **la lágrima** Träne
abrazar umarmen
la fuerza Kraft
49 **aliviado/a** erleichtert

La leyenda de la pesanta, en Cataluña

Cuenta la leyenda que, hace muchos años, una niña en Cataluña vivió una experiencia muy extraña. Era ya por la noche y la niña estaba en su cama a punto de dormirse cuando escuchó ruidos en su casa: se movían los muebles, se abrían los cajones y los armarios, se revolvían los cubiertos y las ropas ... La niña pensó que eran sus padres y se levantó para cerrar la puerta de su dormitorio, pero en ese momento los escuchó roncar a los dos y se metió en su cama muy asustada. De pronto, estos ruidos acabaron y la niña escuchó uno nuevo: unos zuecos que subían por la escalera de madera hasta su habitación: cloc, cloc, cloc, cloc. Se escondió bajo las sábanas, el ruido de los zuecos desapareció. Entonces, sintió un gran peso en su pecho, un peso que casi no la dejaba respirar. Empezó a rezar, y rezando, se durmió.

Por la mañana, cuando sus padres se levantaron y vieron que la casa estaba desordenada y que la niña estaba enferma en la cama, pensaron que había estado jugando por la noche y se había resfriado. La niña les habló de los ruidos, de los pasos, del gran peso en el pecho, pero sus padres no le creyeron. "Las cosas no se mueven solas ...", dijo el padre; "Y las niñas que no salen de su cama por la noche no se resfrían", dijo la madre. Esa noche, sin embargo, las cosas volvieron a moverse y la niña, que había pasado el día en la cama, escuchó otra vez los pasos de zuecos en la escalera de madera – cloc, cloc, cloc, cloc – y sintió de nuevo aquel gran peso en el pecho.

3 **a punto de** kurz davor
moverse sich bewegen
4 **el cajón** Schublade
revolver durcheinanderbringen
los cubiertos Besteck
6 **roncar** schnarchen
7 **asustado/a** erschrocken
8 **acabar** *terminar*
el zueco Holzschuh
10 **la sábana** Laken
11 **el peso** Gewicht
respirar atmen
12 **rezar** beten
15 **resfriarse** sich erkälten
16 **el paso** Schritt

Los ruidos, los pasos, el peso en el pecho: los padres tampoco creyeron la historia de su hija esta vez, pero la vieron tan pálida, que la montaron en su carro de caballos y la llevaron al médico. Por el camino, al lado de un hermoso campo de mijo, los paró una mujer muy, muy mayor, vestida de negro de la cabeza a los pies, que señaló a la niña: "¿Qué le pasa a su hija?", preguntó. "Se ha resfriado y le duele el pecho – respondieron los padres –,

24 **pálido/a** blass
26 **el mijo** Hirse
parar anhalten
27 **señalar** zeigen auf

pero ahora la llevamos al médico ...". La mujer negó con la cabeza: "El médico no puede ayudarla, porque su problema no es el resfriado: es la pesanta". Entonces, les habló de un horrible monstruo que entraba en las casas por la noche con sus zuecos, desordenaba las cosas para divertirse y, luego, descansaba encima del pecho de las personas. Y su peso era tan grande ("pesanta", en catalán, significa "pesada"), que la gente se levantaba por las mañanas con un gran dolor en el pecho. "Como la niña", explicó la anciana, con una sonrisa.

Los padres miraron en silencio a su hija y después se miraron, desconcertados, entre sí. La anciana entró en el campo de mijo, cogió un poco del cereal y se lo entregó a los padres. "Ponedlo en la puerta de vuestra casa y la pesanta no entrará en ella", les explicó. Los padres cogieron el mijo, volvieron a casa con la niña y, esa noche, pusieron el cereal en la puerta, como les había recomendado la anciana. La niña se quedó despierta en su cama y escuchó los zuecos en la calle; se acercaron a la puerta de la casa: cloc, cloc, cloc, cloc. Y después de unos segundos en silencio, se marcharon de allí.

Johann Heinrich Füssli, *La pesadilla* (1802)

29 **negar** verneinen
30 **el resfriado** Erkältung
33 **descansar** ausruhen
37 **en silencio** still
desconcertado/a verunsichert
39 **el cereal** Getreide
entregar *dar*
50 **recomendar** empfehlen
52 **despierto/a** wach
59 **marcharse** *irse*

La leyenda del origen de los Pirineos

Hace mucho, mucho tiempo, en la Península Ibérica, había un poderoso rey llamado Túbal. El rey tenía una hija llamada Pirene, y esta era tan hermosa, que los más grandes poetas escribían canciones sobre ella y los más valientes guerreros cruzaban el mundo para conocerla y pedir su mano al rey. Los poemas sobre la belleza de Pirene llegaron también hasta la cueva de un espantoso monstruo de tres cabezas llamado Gerión, quien sintió entonces un enorme deseo de convertir a la princesa en su esposa. El monstruo viajó hasta la corte del rey Túbal y pidió la mano de Pirene, pero la princesa se negó a casarse con él y se escapó corriendo de allí. Lleno de ira, el brutal Gerión mató al rey y persiguió a la joven hasta

1 **poderoso/a** mächtig
4 **valiente** mutig
el guerrero Krieger
6 **la cueva** Höhle
espantoso/a schrecklich
7 **convertir en** verwandeln in
10 **la ira** Wut
perseguir verfolgen

Los Pirineos

las montañas del norte de la Península Ibérica, donde había miles de cuevas. El monstruo sabía que Pirene estaba escondida en una de ellas y la buscó sin descanso con sus horribles cabezas durante días y noches. Como no la encontró, decidió vengarse de ella e incendió los árboles; las llamas se extendieron rápidamente y solo los pájaros pudieron escapar de esa prisión de fuego. En su cueva, la princesa Pirene gritó con todas sus fuerzas, y sus gritos de dolor atravesaron las llamas y viajaron con el viento hasta los oídos del más grande de los héroes: Hércules. El poderoso hijo de Zeus entraba en ese momento en la Península Ibérica y, cuando escuchó la llamada de Pirene, corrió al monte, entró en las llamas y sacó a la hermosa joven. Era, sin embargo, demasiado tarde y, después de agradecerle su ayuda y contarle su triste historia, Pirene murió en los brazos del héroe. Hércules la enterró en aquel lugar, que era ahora un desierto de rocas negras, y con sus manos recogió esas rocas y construyó con ellas una tumba de montañas gigantescas. Y para recordar siempre a la desgraciada princesa Pirene, llamó a esas montañas Pirineos.

16 **escondido/a** versteckt
18 **sin descanso** ohne Pause
23 **vengarse de** sich rächen an
24 **incendiar** anzünden
extenderse sich ausbreiten
25 **la prisión** Gefängnis
26 **atravesar** durchqueren
27 **los oídos** Ohren, Gehör
28 **el héroe** Held
31 **agradecer** → *gracias*
32 **enterrar** begraben
34 **recoger** aufsammeln
la tumba Grab
35 **desgraciado/a** glücklos

Nuestra tarea: El museo de los monstruos

Función comunicativa principal: Expresar posibilidad

¿Lo has comprendido?

1 A continuación, puedes encontrar varias frases sobre el cuento popular de *La niña sin brazos*. Algunas de ellas son verdaderas y otras no. Identifica las frases incorrectas y corrígelas:

- El diablo dio monedas de oro a unos padres a cambio de su hija.
- Por el camino, la niña saltó del caballo, el diablo la atrapó de nuevo y, como castigo, cortó sus brazos.
- Después de cortar los brazos de la niña, el diablo la colgó de un árbol y unos perros mordieron sus pies.
- El dueño de los perros la bajó del árbol y la llevó al palacio del rey.
- El hijo del rey se enamoró de la chica sin brazos y, años después, se casó con ella.
- El rey fue a la guerra y la reina tuvo gemelos. Le envió una carta al rey para decírselo y él le respondió con otra carta, que decía: "No quiero hijos: mátalos".

- La reina escapó con los niños y buscó un lugar seguro para vivir. En su camino, encontraba gente que le ayudaba a dar de comer a los gemelos.
- Un día, la reina se agachó a beber agua de un río y sus niños cayeron al agua. Como no tenía brazos, no pudo atraparlos y los niños desaparecieron.
- El rey volvió de la guerra y todos fueron muy felices.

2 A continuación, puedes ver una serie de escenas de la *Leyenda de la pesanta* y de la *Leyenda del origen de los Pirineos*, pero estas escenas están mezcladas. Sepáralas y ordénalas cronológicamente.

Los padres pusieron el cereal en la puerta y el monstruo no volvió nunca más a la casa / El monstruo mató al rey Túbal / Hércules levantó una tumba para la joven: los Pirineos / La niña se sintió mal por la noche, con un gran peso sobre su pecho / El monstruo Gerión secuestró a Pirene / Una noche, cuando estaba en su cama, una niña escuchó un ruido en la cocina: alguien estaba desordenándolo todo / La joven se escapó de Gerión y se escondió en el bosque / El rey Túbal tenía una hija muy hermosa y el monstruo Gerión quería casarse con ella / La niña, entonces, escuchó un ruido de zuecos que subía por la escalera a su habitación / Gerión incendió el bosque / La anciana habló a los padres sobre la pesanta y les explicó la solución al problema / Hércules sacó a la chica del bosque, pero ya había muerto.

Analiza

1 La niña sin brazos le parece "un monstruo" al cuidador de los perros; el diablo llama "monstruos" a los niños del rey; la anciana dice que la pesanta es un "monstruo"; Gerión es un monstruo de tres cabezas. ¿Qué es para ti un monstruo? En un grupo pequeño con tus compañeros, intentad entre todos definir esta palabra en español y escribir algunos ejemplos de los monstruos que más miedo os daban cuando érais niños. Luego, podéis compartir esto con vuestros compañeros de clase.

2 El fantasma, el vampiro, el hombre-lobo … A todas las personas nos dan miedo estos monstruos cuando somos niños, pero … ¿has pensado alguna vez por qué? Examina las siguientes opciones y elige la que te parezca más adecuada:

a) Posiblemente, los monstruos den miedo a los niños porque son físicamente muy extraños y feos.
b) Es probable que los monstruos den miedo a los niños porque, normalmente, son muy malos.
c) A lo mejor, los monstruos dan miedo a los niños porque representan miedos reales de las personas.

Comenta

Hay gente que dice que los monstruos dan miedo a los niños (y también a algunos mayores …) porque representan miedos reales de las personas. Por ejemplo, el vampiro – que nunca duerme – quizá represente el miedo a morir. En España, tenemos muchos monstruos. A continuación, hay una tabla con algunos de ellos. En la columna de la izquierda, está el nombre del monstruo y el lugar de España donde vive; en la columna del centro, puedes ver las características de este monstruo; en la columna de la derecha, el miedo que representa.

Monstruo	*Características*	*Representa*
Tragaldabas	Un ser grande y gordo que vive en las despensas de las casas. Si una persona sube a la despensa en busca de comida, el monstruo se lo come con su gigantesca boca sin dientes.	El miedo a ser comido, a ser devorado.
Nuberu (León)	Un ser pequeño, con aspecto humano, gorro y una larga barba que vuela por los aires. Él es el señor del viento, de la lluvia, de la nieve … Por ello, de él depende la cosecha del campesino.	El miedo a los fenómenos del clima que no controlamos.
Cuélebre (Asturias)	Una serpiente con alas, parecida a un dragón, que vive en cuevas profundas y que se come a la persona que se acerca a él.	El miedo a la oscuridad. Y a la oscuridad que hay en nuestro interior.
El hombre del saco (toda España)	Un hombre que viaja por los pueblos y secuestra a los niños, que mete en su saco.	El miedo al extranjero. El miedo al desconocido.

Ahora, con tus compañeros de grupo de la actividad anterior, examina los monstruos que os asustaban en la infancia. ¿Qué miedos crees que representan? Entre todos, construid frases de posibilidad con verbos en modo indicativo o en presente de subjuntivo.

- Quizá(s) / Tal vez … + indicativo / presente de subjuntivo
- Puede (ser) que … + presente de subjuntivo
- Es posible / es probable que … + presente de subjuntivo
- A lo mejor … + indicativo
- Seguramente … + indicativo / presente de subjuntivo
- Seguro que … + indicativo
- Posiblemente / Probablemente + indicativo / presente de subjuntivo

Taller de creación

Ahora, vamos a pensar en cosas que nos dan miedo a cada uno de nosotros y a inventarnos un monstruo que puede representar este miedo. Por ejemplo, si nos dan miedo las alturas, podemos pensar en un pájaro gigante que entra por la noche en las casas, coge con sus garras a los niños y se los lleva volando al espacio. Y si nos da miedo conducir, en un monstruo pequeñito que vive dentro del motor de nuestro coche y que lo rompe cuando vamos a mayor velocidad por la carretera … Las instrucciones son:

1 Piensa en uno de tus miedos e imagina el monstruo que puede representar ese miedo. Dale un nombre y piensa en sus características: cómo es su físico, qué hace con los niños o con la gente, dónde vive, etc.

2 Dibújalo en un papel y escribe al lado del dibujo su nombre y el texto con sus características. Deja espacio en el papel para que, después, tus compañeros puedan escribir en él. Pega el papel en la pared de la clase.

3 Entre todos, estáis haciendo el museo de los monstruos. Levántate y pasea por el museo con tu lápiz o bolígrafo. Visita cada monstruo y lee su nombre y sus características. Escribe en su hoja qué crees que representa ese monstruo. Para ello, recuerda las estructuras con presente de subjuntivo que has empleado hace poco.

4 Finalmente, cuando todos han terminado, cada uno puede llevarse a casa su monstruo, con las ideas que sus compañeros han escrito sobre él. Y además, puede ser divertido votar el monstruo más terrorífico de la clase, o el más simpático, o el más original …

7 Tarea: Menos es más

El pez de oro (cuento popular)

Había una vez un pescador muy pobre que cada mañana salía al mar con su vieja barca y pescaba lo suficiente para comer él y su mujer y para vender un poco en el mercado. Una mañana, mientras se lamentaba de su mala suerte, vio algo extraordinario en su red. Era un hermoso pez de oro que saltaba y hablaba: "Por favor, por favor, deja que vuelva al mar y te concederé un deseo", le pidió. Asustado, el pescador lo echó al mar, volvió a casa y le contó a su mujer lo que le había pasado. La mujer se enfadó y lo mandó volver, atrapar al pez de oro y pedirle mucho dinero. El pescador así lo hizo, y cuando le pidió el dinero al pez, este nadó hasta el fondo del mar y volvió con una pequeña bolsa de piel en la boca: "Cada vez que metas la mano en esta bolsa, sacarás de ella monedas de oro", le explicó, y a continuación, desapareció en el agua.

Cuando el pescador volvió a casa con la bolsa de dinero, su mujer se puso muy contenta, pero estuvo así solo durante unos días, porque después empezó a pensar que no era suficiente. "Ve otra vez al mar, pesca al pez de oro y dile que queremos vivir en un palacio", le ordenó a su marido. A este no le parecía bien, pero como no era capaz de enfrentarse a su mujer, volvió a su barca, pescó de nuevo al pez de oro y le pidió el palacio. "Está bien", le concedió el pez antes de desaparecer en el agua, y cuando el pescador volvió a su casa, descubrió que su mujer y él vivían ahora en un enorme palacio.

El palacio, sin embargo, tampoco era suficiente para la mujer, quien después de unas semanas le ordenó a su marido regresar al mar a pescar al pez de oro y decirle que querían ser reyes. El pescador sabía que esto no estaba bien, pero fue al mar, pescó al pez y le contó el deseo de su esposa. "Concedido", le dijo este, y de camino a su palacio, el pescador se encontró con que la gente se ponía de rodillas al verlo y que le llamaban 'Majestad'. Cuando llegó, se encontró con su mujer, que estaba feliz dando órdenes a todo el mundo, y así de contenta siguió durante algunos días. Poco a poco, sin embargo, empezó a aburrirse, y una noche, despertó a su marido y le susurró al oído: "Mañana por la mañana vas de nuevo al mar, pescas al pez de oro y le dices que queremos controlar la salida del sol y

1 **el pescador** Fischer
4 **la barca** Kahn
pescar fischen
5 **suficiente** genug
9 **lamentarse de** sich beklagen über
13 **el oro** Gold
14 **conceder** gewähren
el deseo Wunsch
asustado/a erschrocken
17 **atrapar** fangen
19 **la bolsa** Beutel
la piel Leder
20 **la moneda** Münze
25 **ordenar** befehlen
26 **capaz** fähig
enfrentarse a alguien sich jdm. stellen
29 **descubrir** entdecken
40 **susurrar** flüstern
el oído Ohr, Gehör
41 **controlar** kontrollieren

de la luna, la fuerza de la lluvia y la dirección del viento, el nacimiento de las personas y sus muertes. Mañana por la mañana, pescas al pez de oro y le cuentas que queremos ser como dioses".

El pescador estuvo a punto de hablar para decirle que eso era demasiado, pero no fue capaz y por la mañana se fue al mar, pescó al pez de oro y le contó el deseo de su mujer. El pez guardó silencio durante un momento y después le dijo: "Pescador, vuelve a casa", y nadó hacia el fondo del mar. El pescador recogió la red y volvió a a casa. Allí estaba su mujer, llorando en la puerta de su vieja choza.

44 **el / la dios/a** Gott / Göttin
45 **a punto de** kurz davor
47 **guardar silencio** verstummen
49 **recoger** einsammeln
50 **la choza** Hütte

La leyenda del Palacio de los Villalones, en Córdoba

El Palacio de los Villalones, en Córdoba, es uno de los edificos más interesantes de esta ciudad andaluza llena de tesoros. En su origen, fue un grupo de casas mudéjares que la familia Villalón reformó en el siglo XVI. Hoy podemos visitarlo y descubrir sus hermosas estancias, patios y jardines. Si lo hacemos, será conveniente conocer antes la misteriosa leyenda que se cuenta sobre él.

1 **el edificio** Gebäude
2 **el tesoro** Schatz
el origen Ursprung
3 **mudéjar** maurisch
reformar renovieren
4 **la estancia** Kammer
5 **conveniente** *útil*

En los primeros tiempos de la casa, vivían en ella un hombre y su hija pequeña. Todos en la ciudad pensaban que eran pobres, pero la verdad era que el hombre era muy rico y que guardaba muchos tesoros en la casa. Para protegerlos, había construido en el sótano un laberinto y, en el centro del laberinto, una sala donde los escondía. Durante muchos años, nadie supo este secreto, pero un día, cuando el hombre era ya un anciano y no podía bajar con facilidad al sótano, se lo contó a su hija y le encargó la tarea de llevar los tesoros al centro del laberinto. Y a partir de entonces, la joven escondía cada noche las riquezas de su padre.

9 **guardar** aufbewahren
10 **proteger** schützen
el sótano Keller
el laberinto Labyrinth
12 **el secreto** Gemeimnis
el / la anciano/a Greis/in
13 **con facilidad** → *fácil*
18 **esconder** verstecken

El Palacio de los Villalones, en Córdoba

Siempre era igual: el padre le daba una bolsa de piel llena de monedas o de joyas, la hija bajaba al laberinto y, después de algunos momentos, regresaba sin la bolsa. Hasta que un día, la joven no volvió.

23 **la bolsa** Beutel
la piel Leder
24 **la moneda** Münze
la joya Juwel
28 **regresar** *volver*

Extrañado, el anciano padre se acercó a la puerta abierta del sótano y empezó a llamarla, primero con suavidad y después a gritos. Le llegaron, entonces, los gritos de su hija. Entró, nervioso, en el laberinto y buscó a la joven, pero aunque conocía cada galería como la palma de su mano, no pudo encontrarla. Desesperado, el anciano salió a la calle y pidió ayuda. Vinieron un panadero, un estudiante y un borracho, pero tampoco ellos fueron capaces de encontrar a la hija. Por la mañana, el anciano contrató a varios hombres para demoler las paredes de su laberinto. Así lo hicieron, y cuando encontraron las riquezas del anciano, las guardaron rápidamente en sus bolsas y se marcharon corriendo de allí. La joven no apareció, pero sus gritos siguieron escuchándose cada noche. El anciano, que era ahora un hombre pobre, vivió algunos años más. Lo encontraron muerto una mañana en el enorme y vacío sótano del actual Palacio de los Villalones, donde se sentaba cada día a escuchar los gritos de su hija. Hay gente que asegura que aún hoy se pueden escuchar estos gritos.

31 **acercarse** → *cerca*
32 **con suavidad** sanft
34 **la galería** Säulengang
la palma Handfläche
36 **el panadero** Bäcker
el borracho Betrunkener
37 **capaz** fähig
contratar anheuern
38 **demoler** niederreißen
la pared Wand
39 **la riqueza** → *rico/a*
40 marcharse *irse*
45 **aún** *todavía*

Nuestra tarea: Menos es más

Funciones comunicativas principales: Pedir y dar una opinión

¿Lo has comprendido? – Mediación

1 El cuento de *El pez de oro* te ha encantado y quieres contarlo en tu red social favorita: *Twitter*. Cuéntalo en alemán y en, como máximo, tres mensajes de *Twitter*; es decir, 320 caracteres. Con esto, estás haciendo un ejercicio de 'síntesis', una especie de resumen del resumen del cuento. En clase, compartid vuestros *tuits* y elegid, entre todos, la mejor síntesis de todas.

2 Ordena cronológicamente las siguientes escenas de la *Leyenda del Palacio de los Villalones.*

- Un hombre rico, que tenía una hija, aparentaba ser pobre.
- El hombre escuchó los gritos de su hija cada noche durante muchos años.
- Un día, la hija bajó al laberinto, pero no regresó.
- Una mañana, encontraron al hombre muerto en el sótano de su casa.
- Solo el padre y la hija conocían el secreto de sus tesoros.
- Cuando era ya muy anciano, el hombre pedía a su hija esconder las riquezas.
- Por la mañana, el anciano llamó a unos hombres que derrumbaron el laberinto, pero la hija no apareció.
- El hombre construyó un laberinto en su sótano para guardar sus grandes tesoros.
- El hombre escuchó los gritos de su hija y bajó a buscarla, pero no la encontró.

Analiza

1 Analiza cuál crees que es la enseñanza que aprendemos de este cuento popular y de esta leyenda?

2 En pequeños grupos, lee con tus compañeros los siguientes refranes y citas sobre querer más y más; es decir: sobre la 'codicia'. Después, elegid entre todos la frase que más os guste y explicad con ella el cuento de *El pez de oro* y la leyenda del Palacio de los Villalones.

> "No es más rico quien más tiene, sino quien menos necesita."
> ◆ *(refrán español)*
> "Ser rico consiste más en disfrutar que en tener." ◆ *(Aristóteles)*
> "La riqueza es como el agua salada: cuanto más se bebe, más sed da." ◆ *(Arthur Schopenhauer)*
> "La persona más rica es la que tiene los placeres más baratos."
> ◆ *(Henry David Thoreau)*
> "No desees nada y serás el hombre más rico del mundo."
> ◆ *(Miguel de Cervantes)*

Comenta

1 ¿Por qué crees que la mujer del pescador siempre quiere más? ¿Por qué crees que el hombre del Palacio de los Villalones siempre quiere más y más tesoros? ¿Por qué crees que las personas, en general, siempre queremos más y más? En los mismos grupos, reflexionad sobre estas cuestiones.

2 Normalmente, cuando pensamos en alguien 'codicioso' pensamos en una persona que siempre quiere más cosas materiales: más dinero, más casas, más coches ... Pero se puede ser codicioso de otras formas: quiero más y más éxito social, quiero más y más conocimientos, quiero más y más amor de los demás ... Todos somos codiciosos en algún aspecto de la vida. ¿En qué aspectos de la vida crees que eres o puedes ser codicioso tú? Reflexiona sobre esta cuestión y después comenta tus ideas con tus compañeros.

3 Ya conoces el refrán español: "No es más rico quien más tiene, sino quien menos necesita". Quizá el secreto sea este: aprender a necesitar menos cosas. ¿Qué cosas – materiales o inmateriales – necesitas de verdad y cuáles no? Escribe una lista de cosas necesarias e innecesarias en tu vida y explica por qué crees que necesitas las primeras y por qué no necesitas las segundas.

Practica

La siguiente actividad se hace en dos fases. En la primera, y en pequeños grupos, vuelve a hacerte la pregunta del ejercicio anterior, pero ahora a nivel social: ¿Qué cosas, materiales o inmateriales, son necesarias para la sociedad y cuáles no? ¿Cuáles de nuestras necesidades son auténticas? Comenta tus ideas con tus compañeros.

a) Para pedir la opinión de alguien, puedes emplear las siguientes estructuras:

- ¿(Tú) qué piensas + de + sintagma nominal? → ¿Tú qué piensas de las redes sociales? ¿Son realmente necesarias para nuestra vida?
- ¿(Tú) qué piensas + de que … → ¿Tú qué piensas de que los padres gasten tanto dinero en juguetes para los niños? ¿Es necesario tener tantos juguetes?
- ¿Te parece que las tabletas electrónicas, como el iPad, son necesarias?
- Opinión + ¿Tú qué piensas / crees? / ¿A ti qué te parece? → Yo no creo que las tabletas electrónicas sean necesarias. ¿Tú qué crees?
- En tu opinión / Desde tu punto de vista → En tu opinión, ¿cuáles son los objetos más importantes en una casa?

b) Para expresar tu opinión, puedes emplear las siguientes estructuras:

- En mi opinión, …
- Desde mi punto de vista, …
- (A mí) me parece que … / (Yo) pienso que + presente de subjuntivo
- (Yo) no creo / no pienso / (A mí) no me parece que + presente de subjuntivo

En la segunda fase, el objetivo es llegar a un acuerdo entre vosotros sobre qué cosas son realmente necesarias en nuestra sociedad y cuáles no. Después de llegar a este acuerdo, escribid vuestras ideas y contádselas a vuestros compañeros. Con la ayuda de vuestro profesor, podéis llegar a un acuerdo entre todos los grupos sobre qué cosas se necesitan realmente en nuestra sociedad y cuáles no.

8 Tarea: El mural generoso

Bella-Flor (cuento popular)

Érase que se era un bondadoso joven que, al morir su padre, recibió como herencia un baúl lleno de dinero. Una mañana, mientras paseaba, conoció a una mujer que lloraba porque su hijo estaba enfermo y no podía trabajar para pagar sus deudas. "Y si no las paga, lo meterán en la cárcel", le explicó la mujer. El joven le prometió que él las pagaría, y así lo hizo. Días después, le contaron que el chico había muerto y se enteró de que su madre no podía pagar su entierro porque no tenía dinero. De nuevo, le ayudó. Y así, después de pagar una cosa y otra, el joven descubrió que el baúl de su padre estaba completamente vacío.

Sin dinero, el joven empezó a buscar trabajo, y cierto día se enteró de que el rey estaba buscando a la hermosa princesa Bella-Flor, de quien estaba enamorado. El joven fue al palacio y se ofreció para encontrarla. "Está bien – dijo el rey –. Tráela con vida y te recompensaré, pero si no la traes, te mataré". El joven aceptó y empezó a andar por los caminos del reino en busca de la princesa. Y andando, andando, se encontró con un caballo muy viejo que se paró enfrente de él y le dijo: "Sube, que yo sé dónde está la princesa".

El joven estaba desconcertado, pero se subió y empezaron a caminar. Poco después, vieron en el suelo unas hormigas hambrientas. "¿Tienes algo de comer?", le preguntó el caballo al joven, y este, después de buscar en su bolsa, encontró varios panes, que puso en el suelo para las hormigas. "Siempre haces el bien", observó el caballo, y siguieron caminando. Más adelante, se encontraron con un águila que estaba atrapada entre las ramas de un árbol. "Sola no podrá escapar", dijo el caballo, y el joven se bajó de él, se subió al árbol y ayudó al águila a liberarse de la trampa. "Eres una persona bondadosa", reconoció el caballo, y siguieron con su camino. Poco después, llegaron a un río y vieron un pobre pececito que saltaba en la hierba. "Fuera del agua, morirá", señaló el caballo, y

1 **bondadoso/a** herzensgut
2 **la herencia** Erbe
el baúl Truhe
pasear spazieren
4 **las deudas** Schulden
la cárcel Gefängnis
6 **enterarse de que** erfahren
7 **el entierro** Begräbnis
9 **vacío/a** leer
12 **ofrecerse** sich anbieten
13 **recompensar** belohnen
14 **aceptar** annehmen
andar *caminar*
18 **desconcertado/a** verunsichert
20 **la hormiga** Ameise
hambriento/a hungrig
23 **la bolsa** Beutel
25 **hacer el bien** Gutes tun
26 **observar** bemerken
30 **el águila** *f.* Adler
31 **atrapar** fangen
33 **la rama** Ast
35 **escapar** fliehen
38 **liberarse** sich befreien
39 **la trampa** Falle
reconocer erkennen
41 **la hierba** Gras
señalar hinweisen

sin perder un momento, el joven se bajó de él y echó al pez rápidamente al río. El caballo asintió, satisfecho, y le contó al joven que la princesa Bella-Flor estaba en la casa que había al otro lado del río.

El joven cruzó el río y vio la casa, y en la puerta de la casa, a la hermosa princesa Bella-Flor, que estaba dando de comer maíz a sus gallinas. "Princesa, he venido a buscarte para llevarte con el rey", le contó, pero ella le explicó que no quería volver al palacio con el rey, porque era muy mala persona, además de viejo y feo. En ese momento, el caballo mordió las ropas de la princesa y del joven, los subió encima de él y empezó a correr hacia el palacio del rey. Bella-Flor, entonces, dejó caer su anillo en el río. "Mi anillo, mi anillo – se lamentó – Tenemos que parar para recuperar mi anillo", pero el caballo no paró, y como no paró, la princesa se quitó su pañuelo y lo soltó, y el viento se lo llevó hasta las ramas más altas de los árboles. "Mi pañuelo, mi pañuelo – se lamentó –. Tenemos que parar para encontrar mi pañuelo", pero el caballo no paró, y entonces Bella-Flor echó su bolsa de maíz al suelo. "Mi maíz, mi maíz – se lamentó –. Tenemos que parar para recoger mi maíz", pero el caballo no paró. Y así, llegaron al palacio del rey.

El rey se puso contentísimo cuando vio a Bella-Flor, pero ella salió corriendo y se encerró en una habitación. "No saldré de aquí hasta recuperar las cosas que he perdido por el camino", le gritó, desde el otro lado de la puerta. El rey, entonces, se acercó enfadado al joven y le dijo que quería esas cosas rápidamente, y que si no las traía enseguida, lo mataría. El joven se sintió muy apenado, porque, ¿cómo podía él encontrar el maíz, el pañuelo y el anillo? El caballo, entonces, le recordó que él había ayudado a las hormigas, el águila y el pez, y que ahora ellos podían ayudarle a él. De esta manera, el joven volvió con el caballo al bosque y pidió ayuda a los animales: a las hormigas en el suelo, al águila en los aires, al pez en el agua. Y poco después, los animales volvieron con los objetos de Bella-Flor. Las hormigas, con el maíz; el águila, con el pañuelo; y el pez, con el anillo. El joven les dio las gracias y volvió al palacio.

"Aquí están los objetos", le dijo el joven al rey, entregándoselos, y este se los llevó corriendo a Bella-Flor. "¿Saldrás ahora?", le preguntó, pero la princesa puso una condición más: "Primero, debes freír en aceite hirviendo al joven que me secuestró con el caballo". El joven, que estaba escuchando esta conversación, se la contó al caballo, quien le dijo: "No te preocupes. Ahora, móntate encima de mí. Yo correré mucho y sudaré mucho. Tú pon este sudor por todo tu cuerpo y el aceite hirviendo no te hará daño". Así lo hicieron, y cuando el rey metió al joven en el aceite, el joven salió de él resplandeciente y mucho más hermoso que antes, tanto que la princesa Bella-Flor se enamoró de él. El rey quiso entonces lo mismo para él y se metió en el caldero, pero como no llevaba en su cuerpo el sudor del caballo, murió quemado por el aceite.

43 **asentir** zustimmen
satisfecho/a zufrieden
46 **el maíz** Mais
49 **morder** beißen
51 **el anillo** Ring
52 **lamentarse** klagen
parar anhalten
recuperar zurückholen
54 **el pañuelo** Tuch
soltar loslassen
65 **apenado/a** betrübt
73 **entregar** *dar*
75 **la condición** Bedingung
freír braten
hervir kochen
76 **secuestrar** entführen
78 **sudar** schwitzen
79 **el sudor** Schweiß
80 **hacer daño a alguien** jdm. schaden, weh tun
81 **resplandeciente** strahlend
83 **el caldero** Kochtopf

El joven se convirtió en el nuevo rey y se casó con la princesa Bella-Flor. Se sentía muy afortunado y quería darle las gracias al caballo por su ayuda. Y entonces, el caballo le contó: "Hace tiempo, conociste a una mujer que lloraba porque su hijo enfermo no podía trabajar para pagar sus deudas. ¿Te acuerdas? Pues yo soy el espíritu de ese hijo. Tú pagaste mis deudas y mi entierro con el dinero de tu herencia. Soy yo quien quiere darte las gracias a ti". Después de decir esto, el caballo desapareció. Y el joven y Bella-Flor vivieron felices para siempre en su palacio.

85 **convertirse en** werden
86 **afortunado/a** vom Glück begünstigt
89 **el espíritu** Geist

La Flor de Lililá (cuento popular)

Érase una vez, en un lejano reino, un rey que enfermó de una extraña enfermedad y se quedó ciego. Cuando sus médicos lo examinaron y consultaron sus libros de medicina, dijeron que solo había una cura posible para su ceguera: comer los pétalos de la misteriosa Flor de Lililá. "¿Y dónde puedo encontrarla?", les preguntó el rey, y los sabios le explicaron que nadie lo sabía. El rey, entonces, mandó a sus tres hijos buscarla. "A quien la encuentre, le daré mi reino", les dijo.

Primero, salió del castillo con su caballo el hijo mayor. Por el camino, se encontró con una anciana muy pobre que le pidió un poco de pan para comer, pero él la ignoró y siguió con su camino. Sin embargo, en mitad de este había una enorme piedra negra que no le dejaba pasar y regresó al castillo, enfadado. Luego, salió el hijo mediano, quien también se encontró con la anciana y la ignoró cuando le pidió algo de comer. Al igual que su hermano, vio después la piedra negra y volvió enfadado al castillo. Finalmente, salió el hermano pequeño, pero cuando este se encontró con la anciana, se bajó del caballo, compartió su comida y bebida con ella e incluso le dio algunas monedas.

"Como has sido generoso conmigo, yo voy a serlo contigo – le explicó la anciana, y le entregó un pequeño huevo –. Tómalo y, cuando encuentres en el camino una gran piedra negra, rómpelo contra ella y esta se abrirá y verás al otro lado el jardín donde está la Flor de Lililá. Hay un león que la guarda. Si sus ojos están cerrados, significa que está despierto y no

2 **quedarse ciego** erblinden
examinar untersuchen
consultar befragen
3 **la cura** Heilung
4 **la ceguera** → *ciego*
el pétalo Blütenblatt
8 **el castillo** Burg
12 **mediano/a** mittlere/r
16 **compartir** teilen
17 **incluso** sogar
la moneda Münze
18 **generoso/a** großzügig
19 **entregar** *dar*
22 **guardar** bewachen

podrás coger la flor, pero si están abiertos, significa que duerme y podrás llevarte la flor". El joven le dio las gracias, siguió con su camino y, cuando se encontró con la piedra negra, rompió el huevo en ella y esta se abrió. Al otro lado, estaba el jardín y, en su centro, guardada por el león, la Flor de Lililá. Como los ojos del león estaban abiertos, el joven se acercó a la flor y la cogió. Luego, muy contento, se montó en su caballo y regresó al castillo.

27 **acercarse** → *cerca*
28 **regresar** zurückkehren

Por el camino, el joven se encontró con sus dos hermanos, quienes, ciegos de envidia, le quitaron la flor y lo mataron, enterrándolo después en el camino. "Nos repartiremos el reino de nuestro padre entre nosotros dos", se dijeron, y se marcharon de allí. Sin embargo, no se dieron cuenta de que no habían enterrado bien al muerto y que su dedo meñique salía al camino, como una pequeña hierba. Poco a poco, este dedo fue creciendo cada vez más hasta convertirse en una caña grande y fuerte. Y un día, pasó por allí un flautista que, al verla, pensó: "Con esta caña, yo podría hacer la mejor flauta del mundo". Así, la arrancó e hizo con ella una hermosa flauta. Y cuando empezó a tocarla, el instrumento empezó a cantar él solo una canción:

Flautista, sigue tocando,
y no me dejes de tocar,
que me han matado mis hermanos,
por la Flor de Lililá.

31 **la envidia** Neid
quitar wegnehmen
enterrar begraben
32 **repartir** aufteilen
33 **marcharse** *irse*
34 **el dedo meñique** kleiner Finger
35 **la hierba** Gras(halm)
36 **la caña** Schilfrohr
37 **el / la flautista** Flötenspieler/in
38 **la flauta** Flöte
arrancar ausreißen

El flautista estaba muy asustado, pues nunca había visto algo así, pero siguió tocando por los caminos del reino hasta que el rey en su castillo escuchó la canción. Este, entonces, se dio cuenta de lo que había pasado y salió a buscar al flautista, quien le llevó hasta el lugar donde había encontrado la caña. El rey mandó a sus hombres excavar en ese lugar y poco después encontraron el cuerpo de su hijo pequeño, que resucitó cuando su padre lo cogió y lo abrazó con fuerza. "Tus hermanos merecen el destierro – le dijo, llorando lágrimas de alegría –. Y tú, hijo mío, mereces ser el futuro rey". Y las palabras del viejo rey se cumplieron.

45 **asustado/a** erschrocken
47 **darse cuenta de** bemerken
49 **excavar** graben
50 **resucitar** auferstehen
51 **merecer** verdienen
el destierro Verbannung
53 **futuro/a** zukünftig
cumplirse in Erfüllung gehen

Nuestra tarea: El mural generoso

Función comunicativa principal: Expresión de deseos

¿Lo has comprendido?

1 Ordena en el tiempo estos momentos del cuento de *Bella Flor*:

El rey quiere freír en aceite al joven / Entierro del muerto / El joven conoce a Bella-Flor / El joven busca los objetos de Bella-Flor / Pez fuera del agua / El rey muere y el joven y Bella-Flor se casan / Baúl con dinero / Hormigas hambrientas / Bella Flor se encierra en su habitación / El joven conoce al caballo / Águila atrapada

2 Lee el siguiente resumen del cuento de *La Flor de Lililá* y corrige los errores que encuentres en él:

> La Flor de Lililá *cuenta la historia de un rey que enferma de un virus misterioso y envía a sus tres hijos a buscar la Flor de Lililá, una flor mágica que puede curarlo. Solo el mayor, gracias a su corazón generoso, puede encontrarla. Cuando vuelve a casa, se encuentra con un mago que lo convierte en una flauta. Un flautista la encuentra y se pone a tocarla. La madre del chico, entonces, lo escucha y le pide a otro mago que lo convierta de nuevo en su hijo. Este mago lo convierte de nuevo en el chico y la familia vuelve a estar feliz.*

Analiza

1 Analiza cuáles crees que son los mensajes de estos cuentos populares.

2 Recuerda, en *Bella-Flor*, el comportamiento del protagonista con el enfermo, con la madre de este cuando muere, con las hormigas, con el águila, con el pez … Y recuerda, en *La Flor de Lililá*, el comportamiento del hijo menor del rey con la anciana. Podemos describirlos como comportamientos generosos. ¿Por qué somos generosas las personas? ¿Por qué ayudamos a los demás? Reflexiona sobre esta cuestión y háblala en parejas con tu compañero/a.

3 Todos estamos de acuerdo en que la generosidad es una de las grandes virtudes del ser humano, pero … ¿es así siempre? ¿Puede, a veces, hacer daño la generosidad? Lee las siguientes frases sobre la generosidad y reflexiona con tu compañero/a sobre esta cuestión:

> "La parte mala de la generosidad es que también puede ser un buen negocio." ◆ *(Ugo Ojetti)*
> "Cuando somos generosos para recibir algo a cambio, para obtener una buena reputación o para ser aceptados, no estamos actuando de manera positiva." ◆ *(Dalai Lama)*
> "Darle el hueso al perro no es generosidad. Generosidad es compartir el hueso con el perro cuando tienes tanta hambre como él." ◆ *(Jack London)*

Comenta

1 Lee los siguientes textos sobre estos personajes españoles: Vicente Ferrer y un padre que va con sus hijos al parque de atracciones. Los dos son ejemplos de generosidad, pero de manera diferente. Comenta esta diferencia con tus compañeros.

Vicente Ferrer (1920–2009) fue un cooperante español que pasó una gran parte de su vida ayudando a los pobres de la región de Anantanpur (India). Llegó allí en 1952. Entonces, era un misionero jesuita que quería seguir con su formación espiritual, pero muy pronto descubrió que la espiritualidad auténtica no consistía en rezar, sino en actuar, en realizar acciones para construir un mundo mejor. Por eso, empleó todo su tiempo en ayudar a los campesinos indios de Anantanpur, una de las partes más pobres del país, a tener una vida mejor. Desde entonces hasta 2009, año en que murió, Vicente Ferrer trabajó sin descanso en esta región de India para mejorar la educación, la sanidad, la condición de las mujeres o las viviendas de los campesinos. En todo este tiempo, recibió muchos premios internacionales a su labor humanitaria. Cuando murió, miles de personas fueron a su entierro para despedir al hombre que les había ayudado tanto y durante tantos años.

"Pienso que hay a nuestro alrededor muchos héroes anónimos; héroes porque su vida es un acto de generosidad. Dejadme que os explique un hecho sencillo que me ha impresionado: en las fiestas de un pueblo, había una familia con tres hijos. Uno de los ellos parecía tener parálisis cerebral. Su padre subió a las atracciones con los tres, llevando en brazos al hijo paralítico, dando vueltas con él en el carrusel. Cuando el viaje terminó, el padre le preguntó al niño. El niño no podía hablar, pero sonreía. Toda la familia parecía estar de buen humor. "Al mal tiempo, buena cara", dice el refrán. Sí. El buen humor hace más fáciles los momentos difíciles.
¡Cuántas personas viven sus vidas siendo generosos con los demás! Personas que, por ejemplo, acompañan a personas ancianas con problemas y que les ayudan con tareas muy difíciles. Con su vida, estas personas nos demuestran una cosa: que el mundo puede ser mejor".

Antoni Pedragosa, Los héroes anónimos.
En: www.serviciocatolico.com, 26/02/2014

2 Se puede ser generoso a gran escala, como Vicente Ferrer, pero también se puede ser generoso a pequeña escala, como el padre de familia del segundo texto. Se puede ser generoso dando nuestro dinero, sí, pero también escuchando a un amigo que lo necesita, o explicando un tema de clase a un compañero que no lo entiende, o (muy importante), cuidándonos a nosotros mismos. Así, el ser humano puede ser generoso de muchas formas distintas. Reflexiona sobre ti, sobre tus maneras especiales de ser generoso y explícasela a tus compañeros.

3 A veces, somos generosos porque los demás realmente nos importan. Pero otras veces, somos generosos para sentir que somos buenas personas. O para que los otros vean que somos buenas personas.

a) ¿Conoces a alguien que se comporta de esta forma? Pon ejemplos de cómo se comporta esa persona.

b) ¿Y tú? ¿Te identificas también con este comportamiento? Recuerda cosas que has hecho para sentirte buena persona y compártelas con tus compañeros.

Taller de creación

Esta práctica es individual. Toma un papel y escribe en ella, primero, tres peticiones (por ejemplo: "Quiero que alguien me ayude con la gramática del español"). Después, escribe tres cosas que te gusta dar a los demás. (por ejemplo: "Me gusta dar consejos sentimentales a los demás" o "Me gusta contar chistes a las personas cuando están tristes"). A continuación, tú y tus compañeros de clase podéis poner vuestros papeles en un mural. Así, los otros saben qué pueden darte y qué puedes darles tú a ellos. Para la expresión de deseos, puedes emplear estas estructuras:

- Quiero que + presente de subjuntivo
- Querría / Me encantaría + infinitivo
- Espero + infinitivo
- Espero que + presente de subjuntivo
- Ojalá (que) + presente de subjuntivo

9 Tarea: Indignados

El medio pollito (cuento popular)

Érase una vez dos hermanos que tenían una granja, y en la granja, una gallina. Un día, la gallina tuvo un pollito, y como después no tuvo más, los hermanos lo partieron y se quedaron cada uno con medio pollito. Uno de los hermanos tenía mucha hambre y se comió el suyo, pero el otro dejó su medio pollito en la granja, con los otros animales.

Una mañana, cuando buscaba gusanos en el suelo para comer, el medio pollito encontró una bolsa con dinero y se puso muy contento. Pasó entonces por la granja el hijo del rey y, cuando vio al medio pollito con la bolsa, se la pidió, porque quería casarse pero no tenía dinero. "Te lo devolveré dentro de un mes", le prometió, y el medio pollito se lo dio. Pero pasó un mes y el hijo del rey no volvió a la granja para devolverle el dinero. El medio pollito, indignado, decidió ir a su castillo a reclamarlo.

Por el camino se encontró con una zorra que se lo quería comer, pero el medio pollito se la metió en su culito y siguió andando. Después, apareció un lobo que también se lo quería comer, pero el medio pollito se lo metió en su culito y siguió andando. Llegó entonces a una montaña de piedras que no le dejaba pasar, pero el medio pollito se la metió en su culito y siguió andando. Finalmente, se encontró con un río que tampoco le dejaba pasar, pero el medio pollito se lo metió en su culito y siguió andando. Y andando, andando, llegó a castillo del rey, donde empezó a cantar: "¡Quiquiriquí! ¡Mi dinero me deben aquí!".

Al escucharlo, el rey mandó a los gallos de pelea, pero el medio pollito dejó salir a la zorra y se los comió a todos. El rey, entonces, mandó a los perros, pero el medio pollito dejó salir al lobo y los mató a todos. Un poco asustado, el rey mandó a sus soldados, que cogieron al animalito y lo metieron en un pozo con agua, pero el medio pollito dejó salir la montaña de piedras y subió a la superficie muy contento. Los soldados, entonces, lo metieron en el horno, pero el medio pollito dejó salir el río y apagó el fuego, y poco a poco el río empezó a inundar el castillo. "¡Quiquiriquí! ¡Mi dinero me deben aquí!", cantó de nuevo el medio pollito. "¡Para, por favor, y te doy el tesoro real!", le dijo el rey, y el medio pollito paró y fue a coger el tesoro. Y muy contento, volvió a su granja.

1 **la granja** Bauernhof
2 **la gallina** Huhn
el pollito Küken
6 **el gusano** Wurm
7 **la bolsa** Beutel
10 **devolver** zurückgeben
prometer versrechen
12 **indignado/a** empört
el castillo Burg
13 **la zorra** Füchsin
14 **andar** *caminar*
15 **el lobo** Wolf
21 **deber** schulden
22 **el gallo de pelea** Kampfhahn
25 **asustado/a** erschrocken
26 **el pozo** Grube
27 **la superficie** Oberfläche
28 **el horno** Ofen
30 **apagar** löschen
32 **inundar** überschwemmen
36 **parar** aufhören
37 **el tesoro** Schatz
real königlich

La leyenda de la Reina Loba, en Galicia

El bosque encantado alrededor del palacio de la Reina Loba

Cuenta la leyenda que hace muchos, muchos años, en los bosques más profundos de Galicia, vivía una mujer muy cruel y orgullosa conocida como la Reina Loba. Era rica, su hogar era un castillo de piedra y estaba rodeada de sirvientes que limpiaban y cocinaban para ella y sus muchos hijos. Su poder sobre las gentes de los poblados vecinos era grande y les obligaba a llevar cada día alimentos al castillo: sacos de trigo, vacas, ovejas. Si alguien se negaba, la Reina Loba enviaba a sus guerreros y estos incendiaban la casa del rebelde o, a veces, el poblado entero. Ella nunca salía del castillo y nadie en los poblados vecinos la había visto, pero cuando escuchaban su nombre, se llenaban de miedo.

Y esto fue así hasta que las gentes del pueblo de Figueirós se reunieron una noche de invierno para hablar del problema. En el silencio del bosque nevado y alrededor del fuego de una hoguera, los hombres y mujeres de Figueirós decidieron enfrentarse a la cruel Reina Loba y acabar con aquella situación para siempre: mejor morir que servir. Esa misma noche, hicieron lanzas, arcos y flechas; por la mañana, montaron en sus caballos y fueron al castillo de piedra. Ni la Reina Loba ni sus guerreros esperaban el ataque de las gentes de Figueirós; cuando empezó la lucha, no fueron capaces de reaccionar. Mientras algunos rebeldes se enfrentaban a los guerreros de la Reina Loba, otros la buscaban por las muchas salas del castillo. La encontraron en una de ellas, mirando por la ventana. Era una mujer muy anciana y que parecía hecha de ceniza, con el pelo gris, la cara gris, las manos grises ... Una capa de piel de lobo le cubría la espalda y se arrastraba por el suelo. Los rebeldes levantaron sus armas y corrieron hacia la anciana. Tuvieron tiempo de ver sus ojos negros y furiosos y los dientes de su boca, largos y afilados, pero nada más, porque los movimientos de la Reina Loba fueron muy rápidos. Abrir la ventana, subir al alféizar, saltar sin pensarlo. La encontraron muerta sobre las rocas que había al lado del castillo.

Muchos de los rebeldes murieron aquella noche, pero gracias a ellos se acabó el terror de la Reina Loba. Los sirvientes de la cruel anciana, agradecidos a las gentes de Figueirós, compusieron para ellos estos versos:

Mataste a la Reina Loba,
pueblo de Figueirós,
mataste a la Reina Loba,
fidalgo quedaste vos.

3 **profundo/a** tief
4 **cruel** grausam
orgulloso/a stolz
5 **el / la lobo/a** Wolf / Wölfin
el hogar Heim
6 **el castillo** Burg
rodear umgeben
7 **el / la sirviente** Bedienstete/r
9 **el poblado** *el pueblo*
10 **obligar** zwingen
12 **el saco** Sack
el trigo Weizen
13 **negarse** sich weigern
14 **el guerrero** Krieger
incendiar anzünden
el / la rebelde Rebell/in
20 **nevado/a** → *la nieve*
la hoguera Lagerfeuer
21 **enfrentarse** sich entgegenstellen
22 **servir** dienen
23 **la lanza** Lanze
el arco Bogen
la flecha Pfeil
26 **capaz** fähig
29 **la ceniza** Asche
30 **la capa** Umhang
la piel Fell
cubrir bedecken
31 **arrastrarse** schleifen
el arma *f.* Waffe
32 **furioso/a** wütend
33 **afilado/a** scharf
35 **el alféizar** Fenstersims
39 **componer** komponieren
43 **fidalgo** adlig

Nuestra tarea: Indignados

Función comunicativa principal: Expresar enfado e indignación

¿Lo has comprendido? – Mediación

1 En parejas, cuéntale en español a tu compañero/a la mitad del cuento de *El medio pollito*, hasta cuando decide ir al castillo a buscar su dinero. Después, tu compañero/a te va a contar a ti la segunda parte de esta historia. Cuando escuchéis la historia del otro, corregid sus errores, si los hay.

2 Ahora, entre los dos, haced una breve síntesis (una especie de resumen del resumen) en alemán de la *Leyenda de La Reina Loba*.

Analiza

1 Analiza cuál crees que es el mensaje de este cuento y de esta leyenda.

2 A continuación, puedes ver una lista con ocho adjetivos. Selecciona aquellos que crees que pueden definir al medio pollito y a la gente de Figueirós, y explica a continuación por qué:

complaciente ◆ indignado/a ◆ pasivo/a ◆ sumiso/a ◆ conformista ◆ valiente ◆ reivindicativo/a ◆ seguro/a

3 ¿Conoces el movimiento 15-M? El 15 de mayo de 2011, un grupo de personas durmió en la Puerta del Sol de Madrid como protesta por la falta de democracia real en España – donde hay muchos partidos políticos pero gobiernan siempre solo dos: el PP y el PSOE – y por la corrupción de los políticos, bancos y grandes empresas en España. Esta acción de protesta motivó durante los meses siguientes a miles de españoles a hacer protestas pacíficas por todo el país. A estos grupos de protesta se les llamó 'indignados'.

Los manifestantes en la Puerta del Sol, en Madrid, en marzo del 2011

A continuación, puedes ver algunos carteles de los eslóganes que los indignados gritaban en las calles. Desde el punto de vista lingüístico, son realmente originales: la indignación se convirtió en creatividad. Interprétalos con la ayuda de tu diccionario y de tu profesor:

En: http://www.movimiento15m.org/, 28/10/2013

Comenta

Cada día, vemos injusticias a nuestro alrededor que nos indignan; injusticias a gran escala (la corrupción política, por ejemplo) y a pequeña escala (el conductor de un autobús cierra las puertas cuando alguien llega corriendo para subirse en él). Piensa en las injusticias a gran y a pequeña escala que más te indignan y cuéntaselas a un compañero. Para ello, puedes emplear estas estructuras:

- Me enfado / me molesta / me pongo furioso / me indigno + si / cuando → Me pongo furioso si veo a alguien fumar cuando hay niños cerca.
- Me enfada / me molesta / me pone furioso / me indigna + que + presente de subjuntivo → Me indigna que tengamos que pagar para visitar este monumento.
- No soporto + sintagma nominal → No soporto el ruido de las motos.
- No soporto + que + presente de subjuntivo → No soporto que la gente tire papeles al suelo en la calle.

Taller de creación

En parejas, elegid cada uno una injusticia de vuestras listas, haced en español un eslogan creativo para cada una y diseñad finalmente un cartel también para cada una de ellas. Ahora, podéis pegar los carteles por toda la clase y explicad al resto de la clase qué injusticia os indigna y qué eslogan habéis inventado para protestar por ella.

10 Tarea: Venganzas divertidas

La cueva de los cuarenta ladrones (cuento popular)

Había una vez un joven y pobre leñador que cada mañana se levantaba temprano, se montaba en su burro e iba al bosque para cortar árboles. Un día, mientras trabajaba, escuchó un fuerte ruido cerca de él y, asustado, se escondió detrás del árbol que estaba cortando. Vio entonces llegar numerosos caballos blancos, y sobre los caballos, hombres que llevaban grandes sacos de piel en sus espaldas y largos cuchillos en sus cinturones. El joven los reconoció: eran la banda de los cuarenta ladrones. Uno de ellos se bajó de su caballo, se acercó a una roca gigantesca que había allí y exclamó: "¡Ábrete, roca!". La roca se movió y apareció detrás una oscura entrada. Los hombres entraron y, al cabo de unos momentos, volvieron a salir, pero ya no llevaban los sacos de piel con ellos. "¡Ciérrate, roca!", exclamó ahora el hombre, y la roca se movió y cerró la entrada. Después, se montaron en sus caballos y se marcharon de allí.

Todavía asustado, el joven leñador salió de su escondite, se puso frente a la roca y exclamó: "¡Ábrete, roca!". La roca se movió y el joven pasó dentro. Estaba en una cueva llena de riquezas. "Supongo que no pasa nada si robo a unos ladrones", pensó el leñador, y empezó a llenar de monedas de oro y de piedras preciosas las bolsas donde solía guardar la madera. No se llevó mucho, solo lo suficiente para no ser pobre. Entonces, salió de la cueva y exclamó: "¡Ciérrate, roca!". Y muy contento, volvió a su casa.

Por el camino, se encontró con un viejo leñador que vio que algo brillaba dentro de las bolsas y dijo: "En mi larga vida he visto muchas maderas, pero nunca he visto ninguna que brille ...". Al joven no le importaba compartir el secreto y se lo contó todo al otro. Este, entonces, corrió a su casa, cargó dos burros con cuatro bolsas, volvió al bosque y entró en la cueva con las palabras mágicas. Llenó las cuatro bolsas, pero como no le pareció suficiente, volvió a casa y preparó otro burro más. Cuando entró de nuevo en la cueva, se encontró con que estaban esperándole los cuarenta ladrones. "Dinos cómo has descubierto nuestro secreto y te dejaremos

2 **el leñador** Holzfäller
6 **el burro** Esel
7 **cortar** schneiden, fällen
11 **asustado/a** erschrocken
12 **esconderse** sich verstecken
13 **numerosos/as** *muchos/as*
14 **el saco** Sack
la piel Leder
15 **el cuchillo** Messer
16 **la banda** Bande
el ladrón Räuber
17 **acercarse** → *cerca*
gigantesco/a riesig
exclamar ausrufen
19 **al cabo de** *después de*
22 **marcharse** *irse*
23 **el escondite** → *esconderse*
25 **la cueva** Höhle
la riqueza → *rico/a*
suponer vermuten
26 **robar** stehlen
la moneda Münze
27 **el oro** Gold
la piedra preciosa Edelstein
la bolsa Beutel
guardar aufbewahren
la madera Holz
28 **suficiente** genug
30 **brillar** glänzen
32 **compartir** teilen
34 **cargar** beladen

libre", le prometieron, y el viejo leñador les contó todo, pero los hombres no cumplieron su promesa y lo mataron.

La noticia de la muerte del viejo leñador llegó al pueblo. El joven leñador, que ahora vivía en una bonita casa con su mujer, se asustó al escucharla. "No te preocupes – le dijo ella –, si vienen a buscarte, yo me encargaré de ellos". Esa misma noche, llamó a la puerta de su casa el jefe de los ladrones, disfrazado de vendedor de aceite. "Llevo conmigo estas treinta y nueve tinajas vacías para llenarlas mañana con aceite, pero no tengo ningún lugar para dejarlas – le contó a la mujer –. ¿Podría ponerlas en el jardín de tu casa hasta mañana?". Ella le dijo que sí y le ayudó a llevarlas al jardín, y cuando el ladrón se fue, la mujer del leñador hirvió cuarenta litros de aceite y los echó en las tinajas. Dentro se escucharon los gritos de los ladrones, que morían abrasados. Por la mañana, se presentó en la casa el jefe de los ladrones, que esperaba ver muertos al leñador y a su mujer, pero cuando se abrió la puerta se encontró con un cuchillo en su cuello. La mujer lo mató sin decir una sola palabra.

Así fue como desapareció la banda de los cuarenta ladrones. Así fue como el leñador y su mujer fueron los únicos en saber el secreto de la cueva. Y así es como yo te lo he contado.

39 **prometer** versprechen
40 **cumplir** halten, einlösen
la promesa → *prometer*
42 **asustarse** → *asustado/a*
43 **encargarse de algo** sich um etw. kümmern
44 **el jefe** Anführer
45 **disfrazado/a** verkleidet
el vendedor → *vender*
46 **la tinaja** Krug
vacío/a leer
49 **hervir** kochen
51 **abrasar** verbrennen

La leyenda de Laurinaga (o por qué el paisaje de la isla de Fuerteventura es desértico)

En el siglo XVI, don Pedro Fernández de Saavedra, noble que había luchado en la Reconquista, viajó como gobernador a la hermosa isla de Fuerteventura. Don Pedro era un hombre muy furioso en la guerra y muy apasionado en el amor: poco después de llegar, se casó con una doncella cristiana y tuvo catorce hijos con ella; además, fascinado por las mujeres guanches de la isla, vivió numerosos encuentros secretos con ellas, y de estos encuentros, nacieron muchos hijos. Uno de los hijos que tuvo con la doncella cristiana, don Luis, heredó de su padre la pasión por las mujeres y se enamoró de una hermosísima joven guanche. Un día, la invitó a ir de caza con él y ella aceptó, pues don Luis le parecía un chico atractivo.

1 **el / la noble** Adlige/r
2 **el gobernador** Gouverneur
3 **furioso/a** wild
4 **apasionado/a** leidenschaftlich
la doncella Jungfrau
6 **el / la guanche** Ureinwohner/in der Kanaren
numerosos/as *muchos/as*
el encuentro Treffen
8 **heredar** erben
10 **la caza** Jagd

El desértico paisaje de la isla Fuerteventura

Pasaron la mañana juntos: disfrutaron del almuerzo que don Luis había preparado; se tumbaron a descansar al lado de un río de aguas tranquilas, bajo la sombra de los árboles; pasearon en silencio por el bosque. Y en ese momento, cuando paseaban, don Luis abrazó a la joven con violencia e intentó besarla; ella, muy asustada, empujó a don Luis y gritó pidiendo ayuda. La escuchó don Pedro, el padre de don Luis; la escuchó también un campesino guanche. Los dos fueron hacia el bosque. El campesino llegó primero, sacó su cuchillo y se enfrentó a don Luis. En ese instante, apareció don Pedro, quien sacó su espada. El caballero cristiano y el campesino lucharon con sus armas. En un rápido movimiento, don Pedro le clavó su espada al campesino. Este cayó al suelo, mirando con sus ojos muertos los ojos de la joven guanche, quien volvió corriendo a su poblado.

Se oyó un grito de mujer. Don Luis y don Pedro se dieron la vuelta y vieron aparecer por entre los árboles a una campesina guanche, que caminó hasta el cuerpo del campesino muerto, se arrodilló a su lado y lo cogió en sus brazos mientras repetía: "Mi hijo, mi hijo, mi hijo ...". Con los ojos llenos de lágrimas y de furia, la mujer miró a don Pedro. "¿Sabes quién soy? – le preguntó –. Soy Laurinaga. Nos conocimos hace muchos, muchos años; nos amamos en este bosque; tuvimos un hijo: este, que acabas de matar con tu espada ..." Horrorizado, don Pedro se montó en su caballo y se marchó de allí con don Luis. Laurinaga, entonces, miró al cielo con su hijo muerto entre sus brazos y gritó a sus dioses: "Maldigo para siempre este suelo, estos bosques, esta isla entera, porque en ella solo he encontrado desgracias". Y cuenta la leyenda que, desde entonces, empezaron a llegar a la isla vientos calientes del desierto del Sáhara que, poco a poco, quemaron las flores y los árboles de Fuerteventura hasta dejarla con el aspecto desolado que tiene hoy en día. Fue la venganza de Laurinaga.

12 **tumbarse** sich hinlegen
13 **pasear** spazieren
15 **asustado/a** erschrocken
empujar schubsen
17 **el campesino** Bauer
18 **el cuchillo** Messer
enfrentarse sich entgegenstellen
19 **el instante** *el momento*
la espada Schwert
20 **el arma** *f.* Waffe
21 **clavar** stechen
24 **darse la vuelta** sich umdrehen
26 **arrodillarse** niederknien
28 **la furia** Wut
31 **horrorizado/a** erschüttert
33 **el / la dios/a** Gott / Göttin
maldecir verfluchen
35 **la desgracia** Unglück
37 **quemar** verbrennen
38 **desolado/a** trostlos

La leyenda de la Gruta del Pirata, en la isla de Mallorca

Durante el siglo XVIII, los piratas turcos atacaban con frecuencia los castillos de la isla de Mallorca. Llegaban con sus barcos, robaban las riquezas y se escondían con ellas en las grutas que hay en estas islas. A veces, conseguían su objetivo; otras, los mallorquines respondían al ataque y perseguían a los piratas. Cuenta la leyenda que, en una de estas veces, un joven pirata se cayó mientras escapaba de los mallorquines y se rompió una pierna. Muy asustado, pidió ayuda a sus compañeros, pero estos estaban ya cerca del barco y siguieron adelante. "Escóndete en el bosque y por la noche volveremos a buscarte", le dijeron.

El joven pirata se escondió entre los árboles; esperó con miedo en la noche fría y oscura; salió el sol: nadie había venido a buscarlo. Se arrastró fuera del bosque y sus ojos vieron el mar, y en el mar, a lo lejos – cada vez más

1 **con frecuencia** häufig
2 **el castillo** Burg
robar stehlen
3 **la riqueza** → *rico/-a*
esconderse sich verstecken
la gruta Grotte
4 **el objetivo** Ziel
5 **perseguir** verfolgen
6 **escapar** fliehen
7 **asustado/a** erschrocken
11 **arrastrarse** sich schleppen

lejos –, su barco … Con dolor y rabia, el pirata lloró en la arena. Detrás de él, vio una gruta. Se arrastró hacia ella, y en la entrada, se quedó dormido. Despertó a la mañana siguiente; había dormido un día entero. Sus ojos miraron a su alrededor y descubrieron el lugar más hermoso que había visto nunca. Rocas largas y afiladas subían del suelo y bajaban del techo formando un bosque de gigantes de piedra; en él, se refugiaban ovejas y cabras. El pirata no creía en el Dios de los cristianos, sino en el Alá de los musulmanes, y pensó que la gruta era un regalo que Alá le hacía. Descansó en ella durante muchas noches; la leche de las ovejas y de las cabras fue su alimento.

Costa de Mallorca, cerca de la Gruta del Pirata

Lo encontraron una mañana unos pescadores, que lo llevaron a su casa. El joven pirata les contó su aventura y preguntó por la fortaleza que él había atacado. Los pescadores lo llevaron a este lugar y el pirata se puso al servicio del señor del castillo. Lo defendió muchas veces de los piratas turcos: esta fue su venganza. Después de años de fidelidad a los mallorquines, el pirata murió en uno de estos ataques; un pirata turco que había sido como un hermano para él le cortó el cuello con su espada.

Hoy, se puede visitar la gruta donde descansó el pirata. Es uno de los lugares más hermosos de la isla de Mallorca. Se lo conoce como la Gruta del Pirata.

13 **el dolor** Schmerz
la rabia Wut
16 **descubrir** entdecken
17 **afilado/a** spitz
18 **el gigante** Riese
refugiarse Schutz suchen
22 **descansar** ausruhen
27 **el pescador** Fischer
30 **la fortaleza** Festung
33 **ponerse al servicio** in den Dienst stellen
34 **defender** verteidigen
35 **la venganza** Rache
36 **la fidelidad** Treue
37 **cortar** (ab)schneiden
38 **la espada** Schwert

Nuestra tarea: Venganzas divertidas

Función comunicativa principal: Aconsejar

¿Lo has comprendido? – Mediación

1 Algunas de las siguientes frases no están relacionadas con el cuento de *La cueva de los cuarenta ladrones.* Identifícalas:

- El joven leñador le contó al viejo leñador el secreto de la cueva.
- El perro del joven leñador lo acompañaba cada día al bosque.
- El dragón se puso delante de la cueva y cerró el paso a los guerreros que querían entrar.
- Los ladrones encontraron al viejo leñador y lo mataron cuando este les habló del joven.
- La mujer del leñador echó aceite hirviendo en las tinajas donde estaban los 40 ladrones.

2 ¿Qué relación tienen entre sí los siguientes personajes de *La leyenda de Laurinaga?*

- Don Pedro – Laurinaga
- Don Luis – la joven guanche
- Don Luis – el campesino
- el campesino – Laurinaga
- el campesino – Don Pedro

3 Describe en alemán en qué consiste la venganza del pirata en la *Leyenda de la Gruta del Pirata* y explica por qué había decidido vengarse.

Analiza

1 Probablemente, has escuchado el cuento popular de *La cueva de los cuarenta ladrones* en otra parte. Intenta recordar dónde y las diferencias que había entre la versión que tú escuchaste y la que contamos aquí. Si no lo recuerdas o no lo has escuchado, puedes preguntarle a un/a compañero/a. Tu profesor llevará a clase la otra versión y la leerá para vosotros.

2 A continuación, puedes ver una serie de frases. Algunas de ellas se relacionan con la actitud del joven leñador en el cuento de *La cueva de los cuarenta ladrones* cuando entra en la cueva de los ladrones y descubre su tesoro. Identifícalas.

> "Cuando el río suena, agua lleva."
> "Quien roba a un ladrón, tiene cien años de perdón."
> "Quien bien te quiere, te hará llorar."
> "Ojo por ojo, diente por diente."
> "Más vale pájaro en mano que ciento volando."

Comenta

1 "Supongo que no pasa nada si robo a unos ladrones", dice el joven leñador. En parte, es una actitud de venganza: como los ladrones roban a los demás, yo les robo a ellos. ¿Estás de acuerdo con esta actitud? ¿Crees que, a veces, es necesario vengarse? ¿Te parece justa la venganza de Laurinaga, que convirtió una isla hermosa en un desierto? ¿Te parece justa la venganza del pirata? Justifica tus respuestas.

2 Recuerda veces en tu vida, de niño o más mayor, en las que te has vengado de alguien: tu hermano/a, tu amigo/a, tu novio/a, tus padres … En parejas, descríbele a tu compañero/a qué hiciste y qué sentiste cuando te vengaste.

Taller de creación

Probablemente, no te sentiste muy bien con tu venganza porque, la verdad, nadie se siente realmente bien si se venga de otra persona. No somos más felices cuando nos vengamos: si tú me haces daño y yo te hago daño, entonces solo tenemos daño, el tuyo y el mío. Se dice que, cuando alguien nos hace daño, posiblemente la mejor solución sea decírselo directamente. Decirle: "Esto que has hecho me duele", y explicarle por qué.

Para mirar las venganzas con sentido del humor, te proponemos un ejercicio divertido. En pequeños grupos, vas a crear con los compañeros del tuyo una empresa muy especial: una empresa de venganzas. ¿En qué consiste? Una persona quiere vengarse de otra, pero no sabe cómo. ¿Qué hace, entonces? Va a la empresa de venganzas y la empresa diseña la venganza. Pero la empresa también le dice al cliente cuál puede ser la mejor solución positiva, la mejor solución sin venganza. Finalmente, entre todos vais a votar las venganzas más divertidas y las mejores soluciones. A continuación, puedes ver un ejemplo.

Cliente y problema	***La venganza de la empresa***	***La solución positiva***
Ataúlfo López quiere vengarse de su vecino, quien pone la televisión muy alta cada noche y hasta muy tarde y no le deja dormir.	En primer lugar, nuestra empresa le recomienda al cliente que compre unos altavoces muy grandes y que los conecte a su ordenador. Después, le aconseja que busque en Youtube un video con bebés que lloran mucho o perros que ladran mucho. Por último, nuestra empresa le recomienda a Luis López que ponga estos videos con un volumen muy alto todas las noches durante una semana.	La empresa le aconseja al cliente que vaya a una tienda, compre unos auriculares baratos y se los regale al vecino con una sonrisa y una explicación de por qué se los regala: "Cuando usted pone la televisión tan alta cada noche, yo no puedo dormir. Por eso, le regalo esto".

Para proponer la venganza y la solución positiva, podéis emplear en el grupo estas estructuras con presente de subjuntivo: recomendar / aconsejar que + presente de subjuntivo. Y podéis ordenar vuestra venganza y vuestra solución en diferentes pasos con los siguientes marcadores temporales: en primer lugar / primero / en segundo lugar / segundo / en tercer lugar / tercero / después / luego / a continuación / finalmente / por último.

Silvia Flaquita. 16 años. Estudiante. Quiere vengarse de su madre, quien no le deja volver a casa los fines de semana más tarde de las 12.

Leonardo Pi. 67 años. Jubilado. Le gustaría vengarse de su amigo Rogelio, quien hace trampas a las cartas cuando juegan su partida por las tardes.

Marisa Tardona. 25 años. Camarera. Necesita vengarse de Cornelio Alonso, conductor del autobús de las 8:00 y quien todos, todos los días cierra la puerta y se va cuando ella llega corriendo a la parada.

11 Tarea: El origen del mal

La bolsa cantarina (cuento popular)

Había una vez una niña que tenía un precioso anillo de oro. Se lo habían regalado sus padres y era su tesoro más preciado. Una mañana, se lo quitó y lo dejó sobre una piedra para jugar con el barro sin mancharlo, pero cuando acabó su juego, vio que el anillo había desaparecido. Nerviosa, lo buscó por todas partes, pero no lo encontró y se puso a llorar. Y estaba llorando cuando sintió una mano sobre su hombro. "¿Por qué estás triste, niña?", le preguntó una voz con dulzura. La niña se dio la vuelta y vio a un anciano de largos cabellos blancos que le sonreía."Porque he perdido el anillo que me regalaron mis padres", respondió ella. El anciano, entonces, le enseñó una bolsa que llevaba y la abrió. "Esta aquí dentro. Puedes entrar a cogerlo", le dijo. La niña sonrió y se metió en la bolsa. En ese momento, la expresión bondadosa del anciano desapareció y se rió con maldad. "Ahora eres mía – le explicó –. Cuando yo te pida que cantes, cantarás, porque si no cantas, te pegaré con mi bastón".

El malvado anciano llevaba la bolsa por los pueblos y la anunciaba como "La bolsa cantarina". Llegaba a las plazas, que se llenaban de personas, le decía a la bolsa: "Canta, bolsa", y de la bolsa salía una preciosa voz que cantaba una triste canción. La gente, con lágrimas en los ojos, le daba al anciano algunas monedas, y con ellas, este pagaba sus gastos diarios y compraba un poco de pan para la niña, que solo salía de la bolsa en el campo y siempre con una cuerda bien atada en el pie. Poco a poco, el anciano se enriqueció con el negocio y empezó a emborracharse cada noche. Una de ellas, cuando estaban en una posada, se quedó dormido en la mesa después de beber mucho vino y el posadero vio que había una mano dentro de la bolsa. La abrió y descubrió el secreto del anciano. "No te preocupes, niña – le dijo a la pequeña, sacándola de la bolsa –. Vamos a buscar a tus padres y castigar a este mal hombre". La mujer del posadero se llevó a la niña a su dormitorio y la bañó y le preparó

1 **el anillo** Ring
el oro Gold
2 **el tesoro** Schatz
preciado/a wertvoll
3 **el barro** Matsch
manchar beschmutzen
7 **con dulzura** sanft
darse la vuelta sich umdrehen
10 **la bolsa** Beutel
12 **la expresión** Ausdruck
bondadoso/a gütig
15 **con maldad** boshaft
20 **el bastón** Gehstock
22 **malvado/a** bösartig
24 **anunciar** ankündigen
32 **la moneda** Münze
33 **el gasto** Ausgabe
diario/a täglich
34 **la cuerda** Leine
atar festbinden
35 **enriquecerse** → *rico/a*
36 **emborracharse** sich betrinken
la posada Gasthaus
37 **el posadero** Gastwirt
40 **castigar** bestrafen

una deliciosa cena; el posadero, se fue al bosque con la bolsa y metió en ella todos los animales peligrosos que encontró: serpientes venenosas, ratas, arañas ... Luego, la cerró bien y se la dejó en la mesa al anciano.

43 **la serpiente** Schlange
venenoso/a giftig

Al amanecer, el anciano se despertó, se echó la bolsa al hombro y se marchó sin despedirse de los posaderos. Cuando llegó al siguiente pueblo, se puso en la plaza como hacía normalmente y esperó a los curiosos, que poco a poco llegaron para ver el espectáculo. Con la plaza llena, el anciano exclamó: "¡Canta, bolsa!", pero la bolsa no cantó. El anciano, entonces, expresó la orden, ahora con más fuerza, pero la bolsa siguió en silencio. Muy enfadado, empezó a gritar y a pegarle con el bastón a la bolsa. Como seguía sin escucharse nada, la abrió. Las serpientes, las ratas y las arañas saltaron a su cara y a su cuerpo y lo mataron delante de la gente con su veneno y sus mordiscos.

45 **al amanecer** bei Tagesanbruch

49 **exclamar** ausrufen

52 **el veneno** → *venenoso/a*
el mordisco Biss

Los posaderos encontraron a los padres de la niña, quienes se pusieron muy felices de volver a verla y, por supuesto, le regalaron otro precioso anillo de oro.

Nuestra tarea: El origen del mal

Funciones comunicativas principales: Expresar opinión y posibilidad. Narrar

¿Lo has comprendido?

Algunas de las frases sobre el cuento que puedes ver a continuación son verdaderas; otras, no. Encuentra con un/a compañero/a las frases falsas y corregidlas entre los dos.

- La niña tenía un anillo de oro: se lo habían regalado sus abuelos.
- Un anciano de cabellos blancos metió a la niña en una bolsa y la llevó cantando por los pueblos.
- La gente de los pueblos escuchaba cantar a la bolsa y pagaba al anciano con comida.
- Un posadero descubrió el secreto del anciano cuando escuchó a la niña gritar dentro de la bolsa.
- La mujer del posadero bañó a la niña y le dio de comer y el posadero llenó la bolsa de animales.
- El anciano pegó a la bolsa con su bastón y, cuando la abrió, los animales lo mataron.
- La niña vivió feliz con los posaderos y ellos le regalaron otro anillo de oro.

Analiza

1 Analiza cuál crees que es la enseñanza de este cuento.

2 En este cuento, aparece un personaje muy malvado: el anciano. Este hombre secuestra a una niña y la lleva por los pueblos cantando para ganar él dinero. Es realmente difícil entender este comportamiento tan horrible, pero te proponemos que reflexiones sobre ello y que intentes explicarlo. ¿Por qué alguien hace algo así? ¿Cuál puede ser el origen de este comportamiento? En pequeños grupos, examinad la cuestión y aportad vuestras ideas. Para ello, podéis emplear las siguientes estructuras de opinión y posibilidad.

Opinión	*Posibilidad*
◆ En mi opinión, … ◆ Desde mi punto de vista, … ◆ (A mí) me parece que / (Yo) pienso que + presente de indicativo ◆ (Yo) no creo / no pienso / (A mí) no me parece que + presente de subjuntivo	◆ Quizá(s) / Tal vez + inidicativo / presente de subjuntivo ◆ Puede (ser) que + presente de subjuntivo ◆ Es posible / es probable + que + presente de subjuntivo ◆ A lo mejor + indicativo ◆ Seguramente + indicativo / presente de subjuntivo ◆ Seguro que + indicativo ◆ Posiblemente / Probablemente + indicativo / presente de subjuntivo

Comenta

Algunas personas dicen que el origen de nuestros comportamientos actuales está en los primeros años de nuestra vida; en experiencias que vivimos cuando éramos pequeños; en el amor y en el daño que nos dieron en esta época de la vida. Según esta idea, las personas más malas son las que recibieron muy poco amor y mucho daño en los primeros años de su vida. Piensa en el malvado anciano del cuento. ¿Qué experiencias pudo vivir cuando era solo un niño pequeño? Imagina estas experiencias infantiles y compártelas con tus compañeros del grupo. Para ello, puedes emplear las estructuras de opinión y probabilidad del ejercicio anterior.

Taller de escritura

Entre todos en la clase, elegid cinco personajes de ficción malvados que todos conozcáis. Pueden ser del cine, de la literatura, del comic, de las series de televisión … Si queréis, pueden ser también personajes históricos que todos consideréis malvados. A continuación, en pequeños grupos, imaginad una pequeña historia sobre la infancia de estos personajes y escribidla. Finalmente, leed las historias a vuestros compañeros, pero no digáis qué personajes son: ellos deben adivinarlos, empleando las estructuras de opinión y probabilidad de los dos ejercicios anteriores.

12 Tarea: Historias de amor

La leyenda de la Cueva de la Mora, en Madrid

La Cueva de la Mora en La Pedriza, en la Sierra de Guadarrama

Se cuenta que hace muchos años, en la actual provincia de Madrid, vivía un árabe muy rico que tenía una hermosa hija. Muchos hombres habían intentado conquistar su corazón, pero la joven los había rechazado a todos. Una mañana, un caballero cristiano que pasaba cerca del palacio vio a la joven paseando por el jardín con sus perros y se enamoró de ella; le habían fascinado su manera de andar, de jugar con sus animales, de admirar la belleza de las flores que empezaban a salir por primavera. Le habló de sus sentimientos y ella le correspondió. A partir de aquel día, el caballero y la joven hablaron cada mañana en secreto en el jardín. Se juraron amor eterno. Eran de religiones y razas diferentes, pero esto no les importaba.

Un día, el padre encontró a la joven y al caballero abrazados en el jardín. La joven, con lágrimas en los ojos, le habló de sus sentimientos y le expresó su mayor deseo, que era casarse con el caballero. El padre se negó y encerró a la joven en la casa; el caballero, desesperado, se marchó a la guerra. A partir de entonces, el padre llevó cada día al palacio a muchos jóvenes de su raza y religión; jóvenes hermosos, fuertes y valientes, pero la hija no quiso casarse con ninguno. En su corazón, solo había lugar para el caballero cristiano que le había hablado una mañana en su jardín.

Cansado de la actitud de la joven, el padre le advirtió: “Si no te casas pronto con un hombre de tu religión y raza, te encerraré en una cueva en el campo, lejos de tus perros, de tu jardín, de tu mundo ...” La joven mantuvo su actitud y el padre la encerró en la cueva. Durante muchos

8 **intentar** versuchen
9 **conquistar** erobern
11 **rechazar** abweisen
13 **el caballero** Ritter
14 **pasear** spazieren
19 **fascinar** faszinieren
20 **la manera** *la forma*
andar *caminar*
22 **admirar** bewundern
27 **corresponder** erwidern
28 **en secreto** heimlich
jurar schwören
29 **eterno/a** ewig
30 **abrazar** umarmen
32 **expresar** ausdrücken
el deseo Wunsch
negarse sich weigern
33 **encerrar** einsperren
desesperado/a verzweifelt
marcharse *irse*
35 **valiente** mutig
38 **la actitud** Verhalten
advertir warnen
39 **la cueva** Höhle
41 **mantener** beibehalten

años, la joven vivió allí, sola, con la esperanza de ver algún día al caballero cristiano del que se había enamorado. Dejó de comer y de beber, dejó de dormir; se cuenta que murió de pena. Y se cuenta que su espíritu sigue todavía allí, en esa cueva, y que cada mañana ese espíritu se sienta en la entrada y mira al horizonte, esperando, esperando …

Por esta razón, se llama a esta cueva la Cueva de la Mora.

44 **la pena** Kummer
el espíritu Geist

4/ **el / la moro/a** Maure / Maurin

Nuestra tarea: Historias de amor

Función comunicativa principal: Narrar

¿Lo has comprendido? – Mediación

Este es, quizá, el cuento más romántico de nuestro libro. Por ello, te proponemos que hagas un resumen en alemán de esta historia tan romántico … pero en verso. Así, vamos a hacer un poema-resumen. Puedes hacerlo en verso libre, que quiere decir sin rima. Después, lleva tu poema a clase, léeselo a a algún/a compañero/a y escucha tú su poema-resumen.

Analiza

1 ¿Qué crees que podemos aprender de esta leyenda?

2 A continuación, puedes leer algunos refranes y citas famosas sobre el amor. Relaciónalos con la *Leyenda de la Cueva de la Mora*:

"La medida del amor es amar sin medida." ◆ *(San Agustín)*
"Cuando se ama de verdad, se renuncia a la propia comodidad personal." ◆ *(León Tolstói)*
"El amor mueve montañas." ◆ *(refrán español)*
"Cuando el amor es auténtico, también es difícil." ◆ *(Madre Teresa de Calcuta)*
"Siempre hay un poco de locura en el amor, pero siempre hay un poco de razón en la locura." ◆ *(Friedrich Nietzsche).*

Comenta

1 La *Leyenda de la Cueva de la Mora* cuenta una historia de amor extraordinaria; la historia de un amor que va más allá de la muerte. ¿Qué otras historias de amor extraordinarias conoces, historias de las películas, de los libros, de la vida? Piensa en tu historia de amor favorita y, en parejas, cuéntasela a tu compañero/a; explícale, también, por qué es tu historia de amor favorita.

2 Las historias de amor extraordinarias se parecen todas entre sí en que los amantes tienen que enfrentarse a pruebas muy difíciles: "Cuando el amor es auténtico, también es difícil", dice la frase de la Madre Teresa de Calcuta de la sección anterior. Examina con tu compañero/a cuáles son los grandes obstáculos de los amantes de la *Leyenda de la Cueva de la*

Mora y de las historias de amor extraordinarias que has pensado para el ejercicio anterior.

3 Las historias de amor extraordinarias también se parecen entre sí en que sus finales son o muy, muy felices o muy, muy tristes. Como en el ejercicio anterior, examina con tu compañero/a los finales de la *Leyenda de la Cueva de la Mora* y de las otras historias de amor extraordinarias que has pensado.

Taller de escritura

Ahora, en parejas, vamos a escribir una historia de amor extraordinario, donde los amantes luchan contra obstáculos muy grandes y terminan siendo muy, muy felices o muy, muy tristes. A continuación, os damos posibles ideas para trabajar con ellas en vuestra historia.

- Los amantes son de edades muy distintas.
- Uno de los amantes, o los dos amantes, tienen un grave problema de salud.
- Los amantes son de clases sociales diferentes.
- Los amantes viven en un contexto difícil. Por ejemplo, una guerra.
- Los amantes viven en tiempos diferentes y se comunican con un objeto. Por ejemplo, un espejo.
- Los amantes son de países con culturas muy distintas.
- Los amantes escapan juntos de alguien y hacen un largo viaje lleno de peligros.

13 Tarea: Fracasos del diablo, fracasos humanos

La leyenda del algarrobo del diablo, en la Comunidad Valenciana

El algarrobo es un árbol muy común en los montes de la Comunidad Valenciana y hay una curiosa leyenda sobre él. Esta nos cuenta que había un campesino valenciano que tenía muy mala suerte con sus negocios; ninguno le funcionaba, y un día se dio cuenta de que había perdido todo su dinero. Entonces, desesperado, fue a uno de sus campos y gritó: "¡Vendería mi alma al diablo por un poco de dinero!". En ese momento, escuchó una voz suave y profunda detrás de él que le preguntó: "¿Es eso lo que quieres? ¿Dinero?". El campesino se dio la vuelta y se encontró con un hombrecito delgado y sonriente, vestido con un traje muy elegante. Sus ojos negros eran como los ojos negros de los muñecos: dos botones sin vida. El campesino sintió un escalofrío. "¿Quién eres?", le preguntó. El hombrecito lo miró en silencio, siempre sonriendo; su cara era como una máscara. El campesino suspiró: "Estoy cansado de mi mala suerte en los negocios – le contó –. Yo quiero ser rico, el hombre más rico del Levante … ¿Tú puedes ayudarme?" El hombrecito asintió y con sus dedos largos y finos le entregó al campesino una bolsa de piel. "Es mágica – le explicó –. Siempre que metas la mano en ella, encontrarás monedas de oro". Los ojos del campesino se abrieron de par en par: "Te daré mi cuerpo y mi alma cuando ya no queden más algarrobas en los algarrobos de Levante", ofreció. El hombrecito aceptó el pacto del campesino y se dieron la mano. "Hasta entonces", se despidió, y se marchó de allí silbando una alegre melodía.

Un algarrobo en la Comunidad Valenciana

1 **el algarrobo** Johannisbrotbaum
común häufig
2 **curioso/a** bemerkenswert
3 **el campesino** Bauer
4 **darse cuenta de** bemerken
6 **el alma** *f.* Seele
el diablo Teufel
7 **suave** sanft
profundo/a tief
8 **darse la vuelta** sich umdrehen
10 **el muñeco** Puppe
el botón Knopf
11 **el escalofrío** Schauder
13 **suspirar** seufzen
15 **el Levante** Ostküste
asentir nicken
16 **entregar** *dar*
la bolsa Beutel
la piel Leder
17 **la moneda** Münze
18 **el oro** Gold
de par en par *del todo*
19 **la algarroba** Johannisbrotfrucht
20 **aceptar** annehmen
el pacto Pakt
21 **marcharse** *irse*
22 **silbar** pfeifen

El campesino se convirtió de pronto en un hombre rico y después de unas semanas, la mayoría de los campos del Levante eran suyos. Su prosperidad crecía cada día más y cuando la gente le preguntaba por su secreto, él se encogía de hombros y, con una misteriosa sonrisa, respondía: "Soy un hombre con suerte, solo eso". Pasó el invierno, pasó la primavera, llegó el verano, y con el verano, la recolección de las hermosas algarrobas en los algarrobos. Los labradores recogían los frutos y, poco a poco, los árboles quedaban vacíos. El rico campesino paseaba por los campos y disfrutaba con orgullo de sus posesiones. En uno de estos paseos, escuchó detrás de él una voz suave y profunda, que le dijo: "Se ha acabado el tiempo de las algarrobas, campesino. He venido a buscarte". Con gran calma, el campesino se dio la vuelta y miró en silencio al hombrecito, que lo miraba a los ojos con sus ojos negros como botones de muñeco. "No es cierto – le respondió el rico campesino –. Aún no ha acabado el tiempo de las algarrobas". El hombrecito no esperaba esta respuesta y, sorprendido, replicó: "Claro que sí. La recolección ha terminado y ya no hay más algarrobas en los algarrobos del Levante". El campesino negó con la cabeza y le preguntó al hombrecito si quería dar un paseo con él; este asintió y empezó a andar en silencio con el campesino. Se acercaron a un algarrobo. "¿Lo ves?", le preguntó el campesino. El hombrecito miró el árbol: "Veo que no hay algarrobas, como ya te he dicho, y debes darme tu cuerpo y tu alma. Este es nuestro pacto". El campesino sonrió: "No lo estás viendo bien. Acércate más al árbol", pidió. El hombrecito se acercó al árbol. Y entonces, lo vio. En las ramas, crecían ya, desde comienzos del verano, algarrobas muy pequeñas. La cara del hombrecito, normalmente muy blanca, se volvió roja de repente y su boca gritó, llena de furia contra ese arbol especial que daba sus flores al mismo tiempo que maduraban sus frutos. Sin decir nada más, desapareció.

Y es por esto que a este árbol se le llama también "algarrobo del diablo".

23 **convertirse en** sich verwandeln in
24 **la mayoría** Mehrheit
la prosperidad Reichtum
26 **encogerse de hombros** die Schultern zucken
28 **la recolección** Ernte
29 **el / la labrador/a** Arbeiter/in
recoger ernten
30 **vacío/a** leer
pasear spazieren
31 **el orgullo** Stolz
la posesión Besitz
el paseo → *pasear*
34 **la calma** Ruhe
36 **aún** *todavía*
38 **replicar** *contestar*
41 **acercarse** → *cerca*
48 **la furia** Wut
49 **madurar** reifen

La leyenda del diablo, inventor de la sierra, en Cataluña

El protagonista de esta leyenda que se cuenta en Cataluña es San José, el esposo de la Virgen María. En el tiempo en el que vivía José, no se habían inventado todavía las sierras y los carpinteros como él cortaban su madera con una especie de cuchillo liso muy afilado. El cuchillo de José era de una gran calidad y por eso él lo apreciaba mucho; después de trabajar con su herramienta, la limpiaba con cuidado y la metía en una funda de piel hasta el día siguiente. El diablo lo sabía, y una tarde, cuando José volvió a casa con María, entró en el taller del carpintero, sacó el cuchillo de su funda y lo mordió de lado a lado con sus dientes. Su objetivo, desde luego, era romper la herramienta del padre de Jesús y, con ello, hacerle daño.

3 **la sierra** Säge
el carpintero Zimmermann
4 **liso/a** glatt
afilado/a scharf
5 **apreciar** wertschätzen
6 **la herramienta** Werkzeug
7 **la funda** Überzug
10 **romper** kaputt machen
11 **hacer daño** schaden

Una sierra

A la mañana siguiente, cuando salió el sol, el diablo se levantó y corrió al taller a esperar a José. Cuando el carpintero llegó, el diablo se escondió y lo miró por una ventana, sonriendo con crueldad. Lo vio encender el fuego para calentar el taller; lo vio abrir el cajón donde guardaba el cuchillo; lo vio sacar el cuchillo con su funda y quitar la funda. Lo vio gritar de dolor. El diablo se rió a carcajadas, y se rió más cuando José, con los ojos llenos de lágrimas, cogió una madera para cortarla. Y entonces, el diablo dejó de reírse, porque José empezó a cortar, y cortando, cortando, ris-ras, ris-ras, descubrió que su cuchillo – que era ahora una afilada sierra – cortaba mucho mejor que antes. El padre de Jesús rió de alegría. Y el diablo, lleno de furia, se marchó de allí, después de regalar a los hombres una nueva y valiosa herramienta.

18 **esconderse** sich verstecken
20 **la crueldad** Grausamkeit
24 **el cajón** Kiste
guardar aufbewahren
26 **el dolor** Schmerz
a carcajadas schallend
27 **la lágrima** Träne
29 **descubrir** entdecken
31 **la furia** Wut
marcharse *irse*
32 **valisoso/a** wertvoll

La leyenda del Acueducto de Segovia

Cuenta la leyenda que había en Segovia, hace mucho, mucho tiempo, una mujer que trabajaba como criada en el palacio de un poderoso señor. Su tarea era la de llevar agua de la fuente a la vivienda, y esto era un gran esfuerzo para ella, porque la fuente estaba lejos y tenía que hacer varios viajes cada día: agua para limpiar los suelos del señor, agua para cocinar la comida del señor, agua para el baño del señor. Agua, agua, agua. Por las noches, la pobre mujer estaba muy cansada, y su única alegría era divertirse con sus amigas. Con ellas, hacía fiestas en sus casas y se olvidaba de su trabajo.

Una mañana, el señor le informó a la criada que esa noche sus amigos venían al palacio a cenar y que, por ello, necesitaba sus servicios con el agua. La mujer se sintió muy frustrada; quería decirle que no era posible, que le hacía falta descansar, pero no abrió la boca; asintió con la cabeza y volvió a su trabajo. Agua por la mañana, agua por la tarde. Y cuando llegó la noche, más agua. Bajar a la fuente, subir al palacio. Bajar y subir. En el palacio, el señor se divertía con sus amigos mientras la criada pensaba en sus amigas, divirtiéndose sin ella. En la noche fría, con un cubo de agua en cada mano, con las manos heladas por el agua helada, la criada se sentó un momento a descansar. Y descansando, lloró. “Le daría mi alma al diablo por tener el agua en la puerta del palacio”, pensó, y entonces sintió la mano de alguien en su espalda. Dejó de llorar, se dio la vuelta, un

2 **la criada** Magd
poderoso/a mächtig
3 **la fuente** Brunnen
la vivienda Wohnhaus
4 **el esfuerzo** Anstrengung
12 **frustrado/a** frustriert
13 **hacer falta** nötig sein
descansar ausruhen
asentir nicken
17 **el cubo** Eimer
18 **helado/a** eisig
19 **el alma** *f.* Seele
21 **darse la vuelta** sich umdrehen

El acueducto de Segovia

hombre la miraba con una delgada sonrisa en los labios. No era necesario preguntarle quién era. La criada lo miró en silencio, el hombre sacó un papel: "Firma aquí y llevaré el agua a la puerta del palacio", le dijo. "Firmaré – le respondió la mujer –, pero si el agua no está en el palacio antes de la salida del sol, me quedaré con mi alma". El hombre asintió con la cabeza y la mujer firmó. Bajo la luz de la luna, cerraron su contrato.

La mujer se marchó a casa, y en su largo camino vio relámpagos de oro en el cielo y escuchó truenos que hacían temblar la tierra. Pero no era una tormenta, sino Satanás y sus diablos, que trabajaban juntos para llevar el agua a la puerta del palacio del señor. Los truenos eran golpes de martillo y los relámpagos, las chispas que salían de esos golpes: piedra a piedra, los monstruos del infierno estaban construyendo un enorme acueducto. "Más deprisa, más deprisa", les gritaba Satanás, y los diablos golpeaban con todas sus fuerzas, y las gentes de Segovia, en sus casas, se escondían debajo de sus camas y pensaban que había llegado el fin del mundo. Horas después, cantaron los primeros gallos. El sol se preparaba para salir. El acueducto estaba casi acabado. Solo era necesaria una piedra más, la piedra final. Satanás la levantó sobre sus hombros y miró el hueco donde iba a ponerla, y mientras miraba, empezó a pensar con orgullo: "Esta es una gran obra, una obra que recordarán los siglos, una obra de un Dios". Y Satanás pensó tanto, que no se dio cuenta de que el sol ya había empezado a salir. Cuando puso la piedra final, era ya un nuevo día.

El príncipe de los infiernos gritó lleno de furia y desapareció de allí, y con él, sus miles de diablos. Las gentes de Segovia abrieron sus ventanas y se encontraron, maravillados, con el actual acueducto de Segovia, una de las construcciones más magníficas del mundo. Y la criada, que conservó su alma, nunca más tuvo que bajar y subir a la fuente.

24 **firmar** unterschreiben
27 **el contrato** Vertrag
28 **marcharse** *irse*
el relámpago Blitz
el oro Gold
29 **el trueno** Donner
temblar zittern
31 **el golpe** Schlag
el martillo Hammer
32 **la chispa** Funke
33 **el infierno** Hölle
el acueducto Aquädukt
34 **deprisa** *rápido*
35 **esconderse** sich verstecken
37 **el gallo** Hahn
39 **el hueco** Lücke
40 **el orgullo** Stolz
44 **la furia** Wut
46 **maravillado/a** verblüfft
47 **magnífico/a** großartig
conservar behalten

Nuestra tarea: Fracasos del diablo, fracasos humanos

Función comunicativa principal: Aconsejar

¿Lo has comprendido?

¡Qué lío de frases! Alguien ha mezclado escenas de las tres leyendas anteriores y ahora no sabemos de dónde es cada una de ellas. Ordénalas en tres grupos distintos, uno para cada leyenda.

El hombre hizo un trato con él: cuando el algarrobo ya no tenga algarrobas, te daré mi alma / El diablo construyó el acueducto de Segovia, pero cuando fue a poner la última piedra, salió el sol / José era carpintero y tenía un afilado cuchillo para tallar la madera / El diablo le dio una bolsa de dinero mágica / Cuando encontró su herramienta mordida, el carpintero se puso muy triste / El diablo le ofreció ayuda a cambio de su alma y ella aceptó / José se puso a trabajar y descubrió que su herramienta era mucho mejor ahora / Tiempo después, el diablo vino a buscar el alma del hombre, pero este le demostró que el algarrobo es un árbol que tiene algarrobas todo el año / Cada día, una criada llevaba, con mucho esfuerzo, agua de la fuente al palacio de su señor / Un hombre tenía muy mala suerte con los negocios y pidió ayuda al diablo / El diablo quería hacerle daño a José y le mordió su cuchillo / El trato de la criada fue: "Si antes de la salida del sol no hay agua cerca del palacio, entonces no te daré mi alma".

Analiza

1 Las tres leyendas que has leído sobre el diablo tienen algo en común: sus planes salen mal; en las tres historias, el diablo es el perdedor. En la siguiente tabla, relaciona cada leyenda con el motivo de su fracaso y explícalo:

leyenda	***motivo del fracaso***
La leyenda del algarrobo del diablo	torpeza
La leyenda del acueducto de Segovia	ignorancia
La leyenda del diablo, inventor de la sierra	soberbia

2 Los fracasos del diablo son fracasos muy humanos. Muchas veces, nuestros proyectos fracasan por alguno de estos motivos: realizamos las acciones equivocadas (torpeza), no tenemos conocimientos suficientes (ignorancia) o confiamos demasiado en nuestras capacidades (soberbia). Recuerda algunos ejemplos de tu vida donde no has conseguido lo que querías debido a estos motivos y cuéntale estas experiencias a un/a compañero/a.

Comenta

1 La torpeza, la ignorancia o la soberbia pueden ser causa de nuestros fracasos. Pero hay otras. En pequeños grupos, comentad las siguientes frases sobre el error en las personas y encontrad otras causas posibles:

"El éxito y el fracaso dependen de la inteligencia, y esta no puede funcionar si existe la ira." ◆ *(Dalai Lama)*
"No existe el fracaso, excepto cuando ya no nos esforzamos."
◆ *(Jean-Paul Marat)*
"El éxito consiste en superar el miedo al fracaso." ◆ *(Charles Augustin Sainte-Beuve)*
"No sé cuál es la clave del éxito, pero la del fracaso es intentar agradar a todo el mundo." ◆ *(Bill Cosby)*
"El hombre que obra con prisa, no puede evitar el fracaso."
◆ *(Confucio)*

2 Una manera de no repetir nuestros fracasos es intentar evitar sus causas, si estas dependen de nosotros. Lee las siguientes frases. Son las reflexiones que hace el diablo después de sus fracasos en cada una de las leyendas:

"Con el campesino valenciano, fracasé por mi ignorancia. No me informé sobre las características del algarrobo. Antes de firmar un contrato con alguien, es necesario que me informe bien sobre mi contrato".
"Con la criada segoviana, fracasé por mi soberbia. Estaba pensando tanto en mí mismo que me olvidé de mi objetivo. Si realizo un trabajo, es importante que me concentre en él".
"Con José, fracasé por mi torpeza. Rompí su sierra, pero no comprobé si la acción había sido correcta. Si hago algo por primera vez, es conveniente que después compruebe si funciona".

Ahora, recuerda varios fracasos importantes en tu vida y recuerda las causas de estos fracasos. Después, responde a esta cuestión: si esas experiencias se repiten hoy, ¿qué puedo hacer para evitar fracasar de nuevo? Emplea para ello, como el diablo, las siguientes estructuras: es importante que / es necesario que / es conveniente que / es fundamental que / es bueno que + presente de subjuntivo.

Taller de creación

Vamos a hacer un ejercicio en grupo con el que podemos aprender mucho.

1 Primero, escribe en un papel los mismos fracasos que en el ejercicio anterior, pero ahora no escribas la manera de evitarlos: solo los fracasos.

2 Después (y sin poner tu nombre, si lo prefieres), pega el papel en algún lugar de la clase.

3 A continuación, el profesor os pedirá a todos que vayáis papel por papel y que escribáis en ellos vuestras recomendaciones para evitar esos fracasos la próxima vez. Para esto, puedes emplear las siguientes estructuras:

- Podrías + infinitivo → Podrías pedir ayuda a tus padres.
- Tendrías que + infinitivo → Tendrías que contarle la verdad a tu novio.
- Debes / Deberías + infinitivo → Deberías pedirle perdón.
- Imperativo → Escucha a tu amiga con atención.
- ¿Y si + presente de indicativo? → ¿Y si vas al médico?
- Lo mejor es ... → Lo mejor es ayudar a tu madre / Lo mejor sería ayudar a tu madre / Lo mejor es que ayudes a tu madre.
- Yo que tú / Yo en tu lugar + condicional → Yo en tu lugar no iría con ellos de vacaciones.
- Te aconsejo / te recomiendo + infinitivo / presente de subjuntivo → Te aconsejo estudiar un poco más / Te aconsejo que estudies un poco más.
- Intenta ... → Intenta no insultar a tu hermana la próxima vez.
- Es necesario / importante / conveniente que + presente de subjuntivo → Es necesario que hables con ella.

4 Finalmente, toma tu papel y lee las recomendaciones de tus compañeros. Vas a ver que algunas son las mismas que tú has pensado, ¡pero también vas a encontrar ideas nuevas y valiosas para ti!

14 Tarea: Escribiendo nuestro futuro

El médico y la Muerte (cuento popular)

Érase una vez un hombre y una mujer que tuvieron un niño. Muy contentos, pidieron a su mejor amigo ser el padrino de su hijo, y el amigo aceptó encantado. Sin embargo, el día anterior al bautizo, mientras trabajaba en el campo, lo mordió una serpiente en el pie y se murió. Cuando se enteraron de la noticia, los padres del niño lo lamentaron mucho; tanto, que la Muerte sintió pena por ellos y se presentó en su casa. “Ahora yo seré la madrina del niño – les anunció –, pues me he llevado a su padrino”. Y les explicó que ella cuidaría siempre del chico y le pagaría sus estudios para ser médico.

2 **el padrino / la madrina** Pate / Patin
aceptar annehmen
3 **el bautizo** Taufe
4 **morder** beißen
la serpiente Schlange
5 **enterarse de** erfahren
lamentar bedauern
6 **la pena** Mitleid

Así fue. La Muerte cuidó siempre del chico y, cuando llegó el momento, pagó su carrera de médico. Además, al acabar sus estudios, le regaló una hierba mágica que podía curar cualquier enfermedad. “Podrás dársela a los enfermos siempre que me veas en la cabecera de la cama, pero no cuando me veas a sus pies, porque esto significa que ya ha llegado su hora de morir”, le explicó. Y poco a poco, el ahijado de la Muerte fue conocido en todas partes por su misteriosa capacidad para curar las más misteriosas enfermedades.

11 **la carrera** Laufbahn
12 **la hierba** Kraut
curar heilen
13 **la cabecera** Kopfende
15 **el / la ahijado/a** Patenkind
16 **la capacidad** Fähigkeit

El jóven médico respetó siempre la regla de la hierba mágica, hasta que una noche lo llamó el hombre más rico de su pueblo, que estaba sufriendo unas fiebres muy grandes. Al entrar en su dormitorio, vio a la Muerte a los pies de la cama, con su guadaña preparada para actuar. Como hacía en estos casos, el joven médico examinó al enfermo, miró a la familia en silencio y se encogió de hombros, para expresar que no era capaz de salvarlo, pero entonces el hombre lo agarró con fuerza del brazo y le dijo: “Yo soy alguien muy rico y tú eres el mejor de los médicos. Si me curas, te doy la mitad de mi dinero ...” El médico miró a su madrina y dudó, pero al final le preparó al enfermo una infusión con la hierba mágica y el hombre sanó al momento.

18 **respetar** respektieren
19 **sufrir** erleiden
20 **la fiebre** Fieber
21 **la guadaña** Sichel
22 **examinar** untersuchen
23 **encogerse de hombros** die Schultern zucken
capaz fähig
24 **agarrar** packen
26 **dudar** zögern
27 **la infusión** Tee

Cuando el médico volvió a su casa, la Muerte lo estaba esperando en la puerta. “Te voy a perdonar porque soy tu madrina – le dijo –, pero recuérdalo para la próxima vez: si me ves a los pies del enfermo, no lo salves”. El médico le prometió que así lo haría. Días después, lo llamaron de casa del alcalde del pueblo, quien se había caído de su caballo y estaba inconsciente, y al llegar a la casa, se encontró a su madrina a los pies de su cama, acariciando su guadaña. El joven médico lo examinó y se encogió de hombros, pero entonces la esposa del alcalde se acercó a él y le dijo: “Dicen que no eres un médico normal. Si salvas la vida de mi esposo, tú serás el nuevo alcalde”. El médico dudó, pero al final preparó una infu-

30 **perdonar** → *perdón*
32 **salvar** retten
prometer versprechen
33 **el alcalde** Bürgermeister
34 **inconsciente** bewusstlos
35 **acariciar** streicheln

sión con la hierba, mojó un paño en ella y se lo puso en la frente al alcalde, quien abrió los ojos poco después, completamente recuperado.

"Es la segunda vez que rompes mis reglas – le dijo la Muerte al nuevo alcalde, cuando salieron –. Si lo haces de nuevo, morirás". El joven médico le prometió que no la rompería más. Días después, lo llamó el anciano rey, quien le contó que su hija, la princesa, estaba muy enferma. El joven médico fue entonces al palacio y, al entrar en el dormitorio de la princesa, vio a la Muerte a sus pies. "La gente dice que no eres un médico, sino un mago – le dijo el anciano. Si salvas a mi hija con tu magia, te casarás con ella y serás el futuro rey". El médico dudó y miró a su madrina, quien lo amenazó con la guadaña, pero la princesa le parecía tan hermosa, que al final le preparó una infusión con la hierba mágica y ella sanó al momento.

"Te lo advertí – le dijo la Muerte al médico, acercándose a él –. Ahora, morirás tú". El joven médico se puso de rodillas, abrazó con fuerza sus ropas negras y empezó a llorar como un niño. "Madrina, madrina, madrina ...", le decía, desesperado. La Muerte, entonces, decidió darle su última oportunidad y lo llevó a una habitación donde había cientos, miles de velas encendidas. "Las más grandes son las vidas de los recién nacidos, y las más pequeñas, las de las personas que van a morir pronto – le explicó –. Si encuentras la tuya, te salvarás".

El médico se acercó a una grande, que llenaba la sala de luz. "¿Esta?", dijo sonriendo, pero la Muerte negó con la cabeza. Se puso entonces delante de una mediana y la señaló con el dedo. "¿Esta?", dijo, pero de nuevo su madrina negó con la cabeza. El médico, ya sin sonreír, se acercó a una de las pequeñas. "¿Esta?", le preguntó a su madrina, quien negó otra vez con su cabeza. El joven vio en ese momento una vela muy, muy pequeña que parecía llamarle. Se acercó a ella, mirándola fijamente. "Es esta", afirmó. Y cuando pronunció estas palabras, el aire de su voz apagó la vela y el ahijado cayó muerto a los pies de su madrina.

39 **mojar** nass machen
el paño Tuch
40 **recuperado/a** geheilt
41 **romper** brechen
43 **anciano/a** *viejo/a*
47 **el mago** Zauberer
la magia Magie
48 **futuro/a** zukünftig
49 **amenazar** drohen
51 **advertir** warnen
acercarse → *cerca*
52 **ponerse de rodillas** niederknien
abrazar umarmen
54 **desesperado/a** verzweifelt
55 **la oportunidad** Chance
56 **la vela** Kerze
el recién nacido Neugeborenes
60 **negar** verneinen
61 **mediano/a** mittelgroß
señalar zeigen auf
65 **fijo/a** fest
afirmar *decir*
66 **pronunciar** aussprechen

Nuestra tarea: Escribiendo nuestro futuro

Función comunicativa principal: Expresión de posibilidad

¿Lo has comprendido? – Mediación

Imagina que quieres escribir un resumen en alemán de este cuento para tu página de *Facebook*. Haz este resumen en no más de cinco líneas y, después, busca una foto o un dibujo en Internet para ponerlo junto al resumen.

Analiza

1 Analiza cuál crees que es la enseñanza de este cuento.

2 Uno de los grandes temas que han preocupado al hombre a lo largo de los tiempos es el de su libertad. ¿Es el ser humano libre o nace con un destino que no se puede cambiar? Analiza el punto de vista que ofrece el cuento de *El médico y la Muerte*.

Comenta

1 Para muchas personas, los seres humanos nacemos con un destino que no se puede cambiar, y ese destino puede conocerse de diferentes formas. Por ejemplo, estudiando las manos: es lo que hace la quiromancia (del griego *kheir*, mano, y *mantéia*, adivinación). A continuación, puedes ver un dibujo de la palma de una mano y los nombres de las cuatro líneas más importantes que hay en ella. Con ayuda del dibujo, predice el futuro de un/a compañero/a de tu clase y luego deja que él o ella miren tu mano y hagan la predicción para ti. Puedes emplear la siguiente estructura:

Como … +
- … quizá(s) / tal vez + indicativo / presente de subjuntivo
- … puede (ser) que + presente de subjuntivo
- … es posible / es probable que + presente de subjuntivo
- … a lo mejor + indicativo
- … seguramente + indicativo / presente de subjuntivo
- … seguro que + indicativo
- … posiblemente / probablemente + indicativo / presente de subjuntivo

Ejemplo: Como tu línea de la vida es muy larga, seguramente vivas una vida muy larga.

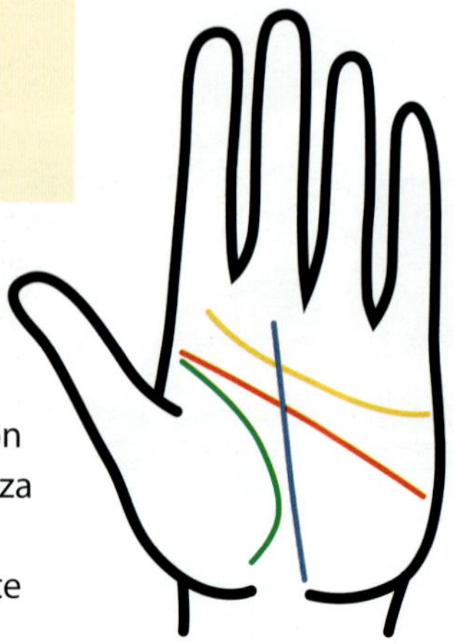

- línea del corazón
- línea de la cabeza
- línea de la vida
- línea de la suerte

2 El horóscopo, los posos de café, los sueños ... Como decíamos en el ejercicio anterior, para mucha gente, se puede predecir el futuro de muchas formas diferentes. ¿Y tú? ¿Crees que es posible predecir el futuro de alguna forma? ¿Hay alguna manera que te parece mejor que otras? Reflexiona sobre estas cuestiones y coménta tus conclusiones con un compañero/a.

Practica

En esta práctica, vamos a hacer el horóscopo de mañana entre todos. Como sabes, hay doce signos del zodiaco. Así, vamos a formar doce grupos, y cada uno de ellos debéis escribir una predicción para el signo de vuestro grupo. Algunos temas para vuestras predicciones pueden ser: la salud, la familia, los amigos, la pareja, los estudios, el dinero, etc. Para hacer estas predicciones, puedes emplear las siguientes estructuras.

- Quizá(s) / Tal vez + indicativo / presente de subjuntivo
- Puede (ser) que + presente de subjuntivo
- Es posible / es probable que + presente de subjuntivo
- A lo mejor + indicativo
- Seguramente + indicativo / presente de subjuntivo
- Seguro que + indicativo
- Posiblemente / Probablemente + indicativo / presente de subjuntivo

Podéis escribir vuestras predicciones en una cartulina común para todos y consultarlas para el día siguiente. A continuación, puedes ver las características de los doce signos del zodiaco: esto puede ayudaros a escribir las predicciones:

Aries (del 21 de marzo al 20 de abril): individualista, fuerte, lleno de energía, amante de la aventura. Le gusta ser el jefe, la persona que dirige.

Tauro (del 21 de abril al 20 de mayo): fiel, paciente, protector. Necesita seguridad a su alrededor y le gustan los placeres de los sentidos.

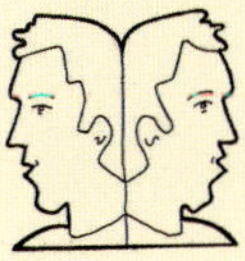

Géminis (del 21 de mayo al 21 de junio): gran comunicador, sociable, flexible. Le encanta aprender cosas y se le da bien resolver los problemas entre la gente.

Cáncer (del 22 de mayo al 22 de junio): muy sensible, imaginativo, soñador. Es muy introvertido y le encanta cuidar a la gente.

Leo (del 23 de julio al 22 de agosto): creativo, orgulloso, apasionado. Le encanta ser el centro de atención y dar su cariño a los demás.

Virgo (del 23 de agosto al 22 de septiembre): detallista, ordenado, perfeccionista. Le gusta ayudar a los demás y puede ser muy exigente.

Libra (del 23 de septiembre al 23 de octubre): sabio, sociable. Le gusta la justicia, las relaciones sin conflictos y la belleza.

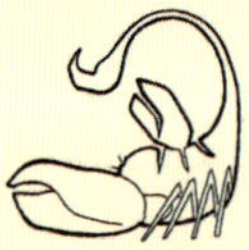

Escorpio (del 23 de octubre al 22 de noviembre): muy apasionado y fuerte. Le interesa el poder y conocer los secretos más profundos de la vida.

Sagitario (del 23 de noviembre al 21 de diciembre): muy curiosos y optimistas. Les gusta explorar la vida con alegría y obtener muchos conocimientos.

Capricornio (del 22 de diciembre al 19 de enero): muy sociable, responsable y trabajador. Le gustan las reglas de la sociedad y conservar las tradiciones.

Acuario (del 20 de enero al 18 de febrero): independiente, creativo e innovador. Le gusta vivir con libertad y le encantan las cosas misteriosas de la vida.

Piscis (del 19 de febrero al 20 de marzo): imaginativo, espiritual, generoso con los demás. Le gusta mucho ayudar a los otros y puede conectar fácilmente con las emociones de la gente.

Bildnachweis:
DPA picture alliance / dpa-Fotoreport / epa PA: 22; DPA picture alliance / epa-Bildfunk / EFE_FILE / Andreu Dalmau: 41; DPA picture alliance / Photoshop: 45; © Fotolia / carloacc: 59; Michaela Silvia Hoffmann, Bamberg: Umschlag, 13, 21; © iStockphoto / juanmonino: 14; © iStockphoto / michaeljung: 22; Pixelio / Bayer6: 61; Pixelio / LouPe: 50; Maria Sebald, Bamberg: 69 (4), 70 (8); © Thinkstock / Digital Vision / Photodisc: 22; Antonio Toscano: 56; Wikimedia / Bernard Gagnon / CC BY-SA 3.0: 62; Wikimedia / GNU Free Documentation License 1.3 / 2008 / The Yorck Project: 10.000 Meisterwerke der Malerei: 26; Wikimedia / Hansueli Krapf / CC BY-SA 3.0: Umschlag, 48; Wikimedia / Martin Haisch / CC BY-SA 2.0: 32; Wikimedia / Willtron / CC BY-SA 3.0: 27; 123RF / Stockfoto / stockfotoart: Umschlag, 44